JN301963

愛知大学綜合郷土研究所シンポジウム報告集

地域で活躍する女性たち

愛知大学綜合郷土研究所［編］

あるむ

はじめに

愛知大学綜合郷土研究所所長　印南　敏秀

　愛知大学綜合郷土研究所（略して郷土研）では、シンポジウムと講演会を毎年交代で開催しています。今年はシンポジウムの年にあたっています。今日は「地域で活躍する女性たち」のテーマで女性リーダーの方々の報告をうかがい、そのあと討論をしたいと思っています。

　今年の3月11日に、東北の太平洋岸を中心に東日本大震災がおきました。私は7月末から昨日まで、三陸海岸の被災地を中心に東北地方をまわってきました。大震災から4ケ月半がたち、被災地は、東北はどうなっているのかが心配だったからです。

　石巻市など多くの市街地の瓦礫はほとんど整理されていましたが、港湾や水産加工所の施設は大破したままのところが残っていました。写真を撮るために車外にでると、形容しがたい異臭が鼻をつくこともありました。そしてボランティアや交通整理員など少数の関係者を除くと、人と会うことがほとんどありませんでした。

　人気がないのは入江の小さな村でも同じでした。入江に船は浮かんでいても、流された漁具は山林のなかに散乱したままでした。根が浅い杉などは海水をかぶり、枯れて赤くなっていました。壊れたままの家屋が、手つかずのまま残っていました。こうした小さな村が、本当に復興できるのか心配になりました。

　三陸海岸の被災地の悲惨な状況は、私の想像をはるかにこえていました。これまで環境問題について話すとき、自然と人間は「共生」していかなければならないといってきました。しかし、人間はとても小さい存在であり、自然とはくらべられないのです。共生という思いあがった概念を決して使ってはいけない、ということを東北で学んできました。

　さて、郷土研のシンポジウムは例年9月が多いのですが、今年は8月に開

催してみました。地域の女性リーダーが集まるというので、おそれをなして欠席した男性がいるのか、今日は参加者が少ないようです。ただし、シンポジウムは少人数のほうが、スピーカーと会場との討論が深まることが多いと思います。地域づくりはむろんですが、被災地の復興のためにも女性リーダーの力が重要だと思います。今日は私自身もみなさんと、女性リーダーのあり方について勉強させていただきたいと思っています。

目　次

はじめに …………………………………………………印南　敏秀　1
シンポジウム開催にあたって …………………………武田　圭太　4

主婦のサークルからNPO法人へ ……………………松田　直子　7
　　——母親の視線と子育ての経験を活かした情報支援——

商店街のおかみさんたち ………………………………石黒　リヨ　25
　　——蒲郡商店街振興組合なごみ会のまちづくり活動——

求められる女性リーダー ………………………………村松　史子　34
　　——共生のなかで・女性だから……は前進を妨げる——

討　論 ……………………………………………………………………　44

シンポジウム開催にあたって

企画担当運営委員　武田　圭太

愛知大学綜合郷土研究所が隔年で開催する公開シンポジウムは、ここ数年の間、「ふるさと」を共通の主題として、主に東三河の各地域でまちづくりにかかわっておられる方々においでいただいて、興味深いお話をうかがってきました。そのような機会を重ねるうちに、地域の日常生活を支え維持している女性の

写真1　印南所長（右）と総合司会武田委員

力に気づきました。男性が先頭に立って地元を盛り上げようとする活動ばかりでなく、主婦や母親の視点から毎日の暮らしをしっかりと守っている女性の貢献も見逃せないと思います。

　そこで今年は、地域で活躍する女性リーダーに、まちづくりの取り組みや抱負などをご自身の経験にもとづいてお話ししていただこうという企画にしました。それでは、今日の講師の先生方をご紹介します。

　まず最初に、焼津からおいでいただいたんですが、NPO法人「e-Lunch」の松田直子さんにお話をしていただきます。松田さんはインターネット、パソコン操作がすごくお上手だし、お好きだということで、最初は趣味として操作されていたようなんですが、その後、家庭の主婦の方々を集めて講習会を開くなど、パソコンを使った活動の輪が広がっていきまして、そのネットワークが今、どんどん大きくなっているということです。静岡県内だけでなく、いろいろなところへ出張して、楽しみながらパソコン操作を覚えることについて、講演や実践的な指導をされています。松田さんには、主婦のお立

場から次第に地域活動のリーダーとして周囲の人たちを組織化していくまでの様々なご経験についてお話をしていただきたいと思います。よろしくお願い致します。

　それから二番手は、蒲郡商店街の振興組合のなかに、女性の方達だけが集まって「なごみ会」といういわゆる女性部のような会員組織があるんですけど、そこで主導的な、リーダー的な役割を果たされている石黒リヨさんにお話をしていただきたいと思います。これまで、まちづくり、特に商店街のまちづくりの様子を見ますと、どちらかというと男性が中心になって行事だとかの企画を、男の人の目線で力強くやっているところが少なくないんですが、なごみ会は、そういった男性のよさとは別に、細かなところまで主婦ないしは女性の目配りといいますか、きめ細かなところの補充を上手に行いながら、男性と一緒に共同して蒲郡商店街を盛り上げて、活性化していこうという地道な活動を続けておられます。ご本人曰く派手ではないということなんですが、長い間継続してやっておられるということで、そうした持続したまちづくりもとても重要な活動ではないかと考えまして、今日はそのお話をしていただこうと思います。よろしくお願い致します。それぞれだいたい30分くらい、お二人の活動についてご自身の体験をお話しいただいた後に短いトイレ休憩を取ります。

　そして最後に、豊橋創造大学の村松史子先生に、女性リーダーについて、求められる人材の要件といいますか、あるべきリーダーシップのスタイルをどういうふうに考えたらいいのかという包括的なまとめのお話をしていただきたいと思います。村松先生は大学でご講義されているだけではなくて、ご自身も

写真2　報告者（左から松田・石黒・村松氏）

経営者として事業を統括するリーダーとして活躍されているという、そういったお顔もお持ちです。また、行政関係では、男女共同参画の推進に長く

ご尽力いただいていますから、広い視野からまちづくりに果たす女性リーダーとしての役割やその重要性、意義等についてのお考えを、先のお二方のお話をふまえたうえで、少し中立的なといいますか、客観的な観点から女性リーダーに求められることについてお話ししていただきたいと思います。

　村松先生のお話の後、少し長めの休憩を挟みまして、先生方にもう一度前に出ていただいて、フロアの皆さん方からご意見、ご感想等を受ける質疑応答の時間を設けたいと思います。全体としましては、4時までに終えるつもりで進行していきたいと考えていますので、よろしくお願い致します。

　それでは早速ですが、最初に松田直子さんから、「主婦のサークルからNPO法人へ」というタイトルと「母親の視点と子育ての経験を生かした情報化支援」という副題で、ご活動についてお話を伺いたいと思います。よろしくお願い致します。

シンポジウムのポスター

主婦のサークルから NPO 法人へ
―母親の視線と子育ての経験を活かした情報化支援―

NPO 法人 e-Lunch 理事長　松田　直子

　1998年当時、小学校 2 年生と幼稚園年長児の男の子 2 人の子育てに追われた専業主婦だった私に、突然、再就職のお話が舞い込んできました。

　「再就職」といっても、夫は夜中まで帰ってこない仕事人間。家事や育児の協力がまるで期待できない私には、いきなりフルタイムで正社員では難しい状況でした。そんな私にいただいたお話は、週に 2 日 1 回 3 時間と、社会への再チャレンジの第一歩としては、願ってもない条件。近くの小学校でパソコンの非常勤講師というのが、そのお仕事でした。

写真 3　報告する松田直子氏

　パソコン室があるものの、ご自身にパソコンスキルがなく、指導ができないという先生の補助に入って、子どもたちのサポートをするというのが私のミッションでした。

　もともと文系の私は、パソコンを専門に学んできたわけではなかったのですが、夫が IT 系の仕事をしていた関係で家には早くからパソコンがあり、専業主婦にしては使い始めが早かったのです。

　子どもを産んでからはしばらく家庭に入っていたので、仕事を始めるという事自体、楽しみな反面不安もありましたし、ましてや普通の会社勤務と違っ

た、小学校の先生という、まったく初めてのチャレンジです。「果たして自分に務まるのだろうか？」と思いつつも、子どもたちにパソコンを教える仕事なんて、めったにあるものではありません。「これはもしかすると、貴重なチャンスなのかも」と思い直し、お引き受けすることにしました。

　不安と期待と緊張でいっぱいいっぱいになりながら初出勤した私に待っていたのは、予想外の展開でした。

　事前の打ち合わせでは「授業は先生が進めるので、サポートをしてくれればいいですよ」というお話でしたけれど、実際にパソコン室に子どもたちを連れて来た先生は、なぜか子どもと一緒に生徒用のパソコンの前に座るのです。ごく普通に。そして「自分はパソコンの類は全然わからないので、全部おまかせしますよ。どうぞやって下さい」とニコニコ。

　「あれ……？　話が違いますよね……」と、思うのですが、久しぶりにパソコン室を訪れた子供たちは、ワクワクドキドキですでにかなりのハイテンション。溢れんばかりの期待と笑顔で私をじっと見つめています。

　「こ…これはもう……やるしかない……」と、私は初日から、崖っぷちに追い詰められました。

　当時学校に設置されていたパソコンはウインドウズ3.1という、ウインドウズ95以前の非常に使いにくいバージョンで、スピードがとんでもなく遅いのです。子ども2人で1台なので交代で使わなければならないし、インストールされているのは見たこともない教育ソフト。それらの環境を見ただけで冷や汗が背中をつたいます。

　さらに、お忙しい先生方とは個別の事前の打ち合わせ時間をとることができず、小学校1年生から6年生まで、次に授業にやってくる子どもたちの学年は、部屋に入ってくるまでまったくわからないという、すさまじい状況でした。

　今思えば、よくそれで授業ができたと思うのですが、そこは若さといいますか、知らない怖さといいますか、当時の私は「条件が違うので断る」とか「業務改善のために交渉する」ということを知りませんでした。

　とにかく一度お引き受けしたことは、最後までやり遂げなければならないと思っておりましたし、そうこうしているうちに、（この学校は県内でも上

位に入るくらいの大規模校で1学年5〜6クラスあったので）一度成功した授業カリキュラムは「最低5回は使いまわせる！」ということに気付いてしまいました。

　最初こそ、ソフトのCDを設置する手がカタカタ震えて、「あーっ、先生震えてる」なんて生徒に冷やかされたりもしましたが、人間、同じことを5回もやればコツもつかめてきます。回数を重ねるごとに少しずつ自信のようなものがついてきました。

　それに、なんといっても子どもたちがかわいい。

　当時はパソコン教室があっても、指導できる先生がほとんどいなかったので、鍵がかかったままの「開かずの間」だったパソコン室に入れる、授業でパソコンに触れる、というだけで、本当に嬉しそうでした。

　低学年ではお絵かきをしたり、高学年でもタイピング練習をするといった事だけでも、それはそれは嬉しそうに取り組んでくれて、その笑顔が励みになりました。授業が終わってパソコン室から子どもたちを送り出すと時には、手と手をパチンとハイタッチをしながら「楽しかったよ。またパソコン教えてね」なんて言われると、疲れも吹き飛ぶ思いでした。

　最初こそ仕事のあった日は、夕方どっと疲れが出て、台所に立つ気持ちにもなれませんでしたが、徐々に軌道に乗ってきてからは、子育てママ同士の狭い世界から飛び出して、多くの人とコミュニケーションをとる楽しさや、仕事に対するやりがいを感じるようになっていきました。

　ドタバタの綱渡り授業が評価されたのかどうかはわかりませんが、1年契約だった仕事は継続のご依頼をいただき、ほんの少し気持ちに余裕が出てきた頃、今度は地元の私立大学から非常勤講師のお話をいただきました。

　大学となると、パソコンに慣れ親しみ、楽しさを伝える目的の小学校とはわけが違います。基礎的なITスキルを身に着けるために、資格取得を目指すトレーニングをさせるのが大学からのご依頼。これもまた、はたして自分に務まるのか不安もありましたが、仕事の楽しさを覚え始めた私は、元来新しい事が好きであることも手伝って「とにかくやってみよう！」と、お引き受けする事にしました。

　大学の場合、まずは非常勤講師としてエントリーするために、私自身にパ

ソコンの資格取得が必要になりました。

　そうなると、小学校での仕事をしながら家事育児に追われる中で、勉強時間を捻出するのが課題です。ここは、まとまった時間を作るよりも、日常の中から細切れの時間をつなぐことで乗り切ろうと考えました。IT系の資格を取得するには、まず専門用語を暗記しなければなりません。そこで、テキストを音読してテープに吹き込み、小さなラジカセ（当時はiPodなんてしゃれたものがなかったので）を持ち歩きました。食器を洗っているときも、洗濯物を干しているときも、お化粧しているときも、常にラジカセを持ち歩き、覚えにくい専門用語に耳を慣れさせるところから始めたのです。

　そして、高校時代を思い出させる単語カードも活用。試験に出るQ＆Aを常に持ち歩いて、細切れ時間でとにかく暗記していきました。

　思えば学生時代にこれほど勉強した事はなく、この勢いで英語をやっていたら、今頃はまったく違った仕事についていたかもしれません。人間は目標を持ち、それに向かって自発的な行動を起こすという事は、本当に大切ですね。

　おかげさまで順調に資格を取得し、私は翌年の春に大学の非常講師となり、1年で契約が終わるはずだった小学校からは、契約継続のご依頼をいただいたことで、大学と小学校を並行して勤務する事になりました。

　大学は週に1回。2クラスを担当する事になりましたが、ご存じのように大学は1コマ90分です。お昼をはさむ午前・午後のクラスだったので、結局その日は1日大学にいることになります。

　また、担当の先生からは「毎回必ず課題を出すように」と言われていたので、授業のあった日には100通からのメールが届きます。それを1通ずつ評価してメールに返信し、次週の授業の準備をし、その間に小学校にも通うというスケジュールが始まりました。

　これは、今思い返しても結構大変でした。時間にゆとりがなくなり、いつも何かに追われているような気持ちがしたものです。

　よほど疲れが顔に出ていたのか、家族からは、「大学はやめたら？」ということになり、次年度の継続はお断りすることになりました。

　それでも、得るものがなかったわけではなく、人前で教えることの楽しさ

や充実感、仕事への責任感、家族の支え……、この間に学んだものは、その後のNPO設立にも大きな力となりました。

　大学に通い出した頃、同時進行で主婦を集めての「ミセスパソコン講座」というものを始めていました。主婦を集めて、パソコンやインターネットの楽しさに触れようという趣旨の講座です。

　この頃、それまでオタクと言われる人たちや、研究機関に勤める人たちのものだったパソコンやインターネットが一気に一般家庭に普及し出したのです。

　3ヶ月の予定で始めた講座でしたが、毎週顔を会わせているうちにメンバー間に仲間意識が芽生え、パソコンをもっと勉強したいという共通の学習意欲が高まり、自主勉強会を続けるサークル「イーランチ」が生まれました。

　「イーランチ」というと、お弁当屋さんや仕出し屋さんをイメージされると思うのですが、「女性の社交場は子どもが学校へ行っているランチタイムである」というところからLunch（ランチ）、パソコン好きのお母さんグループであることからElectricの「e」を付け、e-Lunch（イーランチ）と命名しました。

　しばらくすると、お母さんたちが昼間、楽しみながらパソコンの勉強を続けているイーランチに初めてのお仕事依頼が飛び込んできました。

　イーランチの支援企業は、ホームページ制作やシステム開発をするIT企業なのですが、その会社が制作した地元のスーパーのホームページの更新作業を依頼されたのです。

　スーパーと主婦の相性の良さを基軸として、消費者目線で、四季折々のイチオシ商品を取材して、レポートをホームページにアップするというお仕事でした。

　10店舗を構えるスーパーを回るということで、メンバーで手分けして走り回ることとなり、よちよち歩きながらも、ビジネスらしいことをスタートさせました。

　それをきっかけに、それぞれのメンバーの中に徐々に「私たちにも、もっとやれることがあるんじゃないか。社会貢献できることがあれば、役に立ちたい」という思いが育っていきました。

その後小学校の夏休みに親子パソコン講座を企画したり、ボーイスカウトでのパソコン指導など、自分たちの身の回りにある小さな地域活動を積み重ねる3年を経て、2003年にイーランチはNPO法人格を取得し、新たなスタートを切ることになり、私は理事長になりました。

「地域の情報化支援と女性の社会参加の応援」をミッションに掲げ、パソコン好きの主婦をネットワーク化し、子供が幼稚園や学校へ行っている昼間の時間をつなぎ合わせて、本格的な活動の再スタートです。

私のように、いきなりの再就職に戸惑いを感じる子育て中の母親は多いものです。将来子どもが大きくなって、本格的に再就職をしたいと思った時のトレーニングの場としても、NPO活動は役立つと考えました。

写真4　報告する松田直子氏

母親集団であるということは、子供の急な病気や家族の介護など、自分だけではどうにもならない事が起こりがちであることを考慮し、活動はすべて「チーム制」にしました。誰かが急にドタキャンしても、その仕事を代わりにできる人を必ず作っておくことで、活動に穴があくのを防ぐのです。

そしてもうひとつ。活動したメンバーには必ず謝金を払うという事を決めました。基本的にボランティアはやらない方針です。ボランティアを否定するわけではありませんが、報酬がないという事は、反面どうしても責任感が薄くなりがちです。急に熱を出した子どもを夫に預けて家を空けるにも、無給のボランティアに出るのと、報酬をもらう活動（仕事）に出るのとでは家族からの理解も違うものです。

それに、団体の発足当時は熱い思いでボランティア活動ができても、長く継続するには、ゆるやかではあってもある程度、給与規定をはじめとしたルールが必要でした。

そのような過程を経てイーランチは晴れてNPOとなったわけですが、結果的に、いかにも男性が強そうな「IT」の分野でありながら、「主婦」のコミュニティが「NPO」という新しい組織体として活動を始めたことで、面白いキーワードが揃いました。話題性も手伝って、たびたびマスコミにも取り上げられ、その後順調に活動が増えていきました。

　まずは地域活動です。身近な公民館でシニア層、主婦層を中心に呼びかけたパソコン講座は、親切で丁寧な指導が評判を呼び、現在まで継続しているイーランチの人気事業です。

　「子どもはパソコンができるから教えてもらいたいんだけど、何度も同じことを聞くと怒られる」「親子関係が悪くなるから、よそで習った方が良い」と、ご年配の方々がよくおっしゃいます。なかなか一度で覚えられないのがIT用語だったり複雑なパソコン操作です。そこで決して叱るようなことはせず、何度でもわかるまで聞いてください、というのがイーランチの講座スタイルです。ワードやエクセルも、テキストに沿ったお勉強だけではなく、季節に応じた作品作りなども織り交ぜ、長く楽しんでいただいています。また、地域での仲間づくりの場としても、パソコン講座はお役に立っているようです。

　ITの世界は、日進月歩。インターネットの中のサービスも、またネットに接続するための情報端末も、急速に進化を続けています。その先端を走り、競争しながらよりよいサービスを生み出すのが企業の役割とすれば、すさまじいスピードで進化するITの世界についていけないIT弱者を救済する事が、私たちNPOの役割だと思うのです。

　先の東北大震災の折には、インターネットのインフラとしての強さ、情報の速さ、そしてその有効性を再確認する機会ともなりました。これから防災や安全対策を考える折にも、デジタルデバイトの解消は、これまで以上に求められるでしょうし、そこにイーランチの活動の場があるのかな、と思っています。

　NPO設立当初から続いているもう一つの活動が、小学校・中学校の不登校児が通う「チャレンジスクール」でのパソコン指導です。いじめなどの人間関係のもつれが原因なのか、最近は以前より学校へ通えなくなってしまう

不登校児が増加の傾向にありますが、「チャレンジスクール」とは、そんな子どもたちのために自治体が用意している居場所です。

　そしてそこで、心に傷を持つ子どもたちに寄り添いながら、楽しくパソコンを指導するお母さん先生がイーランチのメンバーです。パソコンの時間が、チャレンジスクールに通うひとつの楽しみになってくれれば嬉しいし、ここで学んだパソコンスキルを自分の強みとして自信を付け、再び学校へ戻る支援をしたいというのが目的です。長い指導のうちには、ここでパソコンに触れたことがきっかけで、高校進学の時に情報系を選び、見事希望の高校へ進学したという子もいます。その報告を聞いた担当のメンバー（お母さん先生）は、本当に嬉しかったと、目を潤ませて報告してくれました。

　さらに、地方公共団体との協働もスタートしました。

　これは、焼津市と藤枝市が共同で運営する志太広域事務組合の公式サイトの中で、地域のお店を取材し、レポートを掲載するというもので、これは、先のスーパーと同様、主婦の集まりであるイーランチにぴったりのお仕事です。するどい消費者目線、女性の感性を活かした丁寧な取材は、協力して下さる店舗の皆様にも、そしてもちろんホームページに訪れてくれる地域の皆様にもご好評をいただき、順調にアクセス数を伸ばしました。平成16年から少しずつ積み上げた情報数は、今では約290店舗。データベースとしても厚みが出てきており、それが地元商店街の活性化の応援になっているというところが、取材者のメンバーの励みになっています。とても小さなものではありますが、官と民の協働としては、細く長く続いているひとつの成功事例と言えるのかもしれません。

　イーランチのもうひとつのミッション、女性の社会参加の応援活動としては、再就職を目指す子育て中のお母さんたちを対象とした「チャレンジ支援講座」を開催してきました。

　ハローワークへ行っても、就職情報誌をのぞいてみても、事務系のお仕事にパソコンスキルは欠かせない時代です。イーランチが得意とするところの就労のためのパソコン講座はもちろんですが、就職に必要なのはそれだけではありません。女性の気持ちは女性である私たちが一番よく知っている、ということで、自分たちのニーズと照らし合わせて、付加価値を付け、より受

講生に喜んでいただける内容へのブラッシュアップをはかりました。

　たとえば、これまで家庭にいた女性が、社会に向けて新たな一歩を踏み出す時の気がかりのひとつが、ファッションやメイクです。

　自分自身を振り返ってみても、子育て中は、夏はTシャツに短パン、冬はトレーナーにジーンズ、そしてほとんどノーメイクと相場が決まっていました。楽には楽ですが、そうして数年過ごしているうちに、流行は変わり、いざ面接となった時には、何を着て行ったらいいのかわからない、という状況になっていたのです。

　独身時代に覚えたメイクだってとっくに流行おくれのはずだけれど、それじゃどうすれば面接向きなのか、皆目見当がつきません。私は小学校の先生の面接が決まった時、最初に取った行動が、面接に着て行くための服を買うためにデパートへ行った事だったのです。

　逆を言えば、その準備が整っていれば気持ちに余裕が持て、面接にだってある程度自信を持ってチャレンジできるのです。さらにビジネスマナー講座や、家庭との両立をはかるためのワークライフバランスを考える講座、また、採用してもらうための履歴書の書き方などもセットにした講座を企画したところ、受講生のアンケートでは90％以上の「満足」という回答をいただきました。

　その間、理事に就任したこともあり、ここ数年はNPO法人静岡県男女共同参画センター交流会議とコラボでの就労支援講座が、活発に行われています。自分たちだけで企画運営する達成感も楽しいものですが、他の団体と協働する事で、活動により広がりが持てたり、得意分野を分割する事でより効率的な活動ができているように思います。

　そのようにさまざまな活動にチャレンジしてきたイーランチですが、とりわけ現在の活動の柱となっているのが「ネット安全事業」です。

　2000年以降、インターネットの急速な普及に伴い、青少年のケータイやパソコンによるインターネットがらみの犯罪やトラブルは増加の一途を辿っています。教育現場においては、子どもたちへの情報モラル教育が急がれましたが、私のパソコンの先生デビューのエピソードにもあるように、教員のパソコンの指導力は甚だ心細いもので、ましてや情報モラルの教育を担える

状況ではありませんでした。

　イーランチは母親のグループであったことから、インターネットの楽しさだけを伝えていては、これからの子どもたちが心配だということになり、小学校高学年を対象とした「インターネット安全教室」の出前講座を企画しました。教案はもちろんメンバーの知恵を集めての自前です。母親目線を大切に、インターネットの仕組みをわかりやすく解説するとともに、小学生のうちにはこれだけは知っておいてほしいという、ネット利用の基礎の基礎を、3択のクイズ10問で表現しました。

　心がけたのは「わかりやすく伝える」ということ。耳慣れないネットの世界のお話が飽きないように「問題」と「答え合わせ」と「解説」をテンポよくとりまぜ、45分の授業時間で完結できるように組み立てました。

　さて次なる課題はどこで出前講座を実施するか、という学校探しです。いくら良い講座を作っても、それを受け入れてくれる学校がなければ活動にならないわけです。そこでここでも母親集団の強みを活かした営業活動が始まりました。まずは自分の子供が通う小学校へアタックです。ちょうどPTAの役員をやっていたことから、幸い教頭先生とはとても話がしやすい関係がありました。放課後学校へ押しかけてはこれからの子どもたちにこの講座がいかに必要であるかを力説し続け、なんとか開講までこぎつけました。

　そして、この事業をきっかけにイーランチメンバーが次々と講師デビューをしていきました。自分自身の先生デビューを思い出せば、初めて子どもたちの前に立ったメンバーの気持ちはよくわかります。最初こそ、「私には先生なんてとてもできない。人前で話をするなんて無理」と、思うものですが、勇気付け、励まし、ときには背中をバンバン押しながら、教壇に上ってもらいました。すると、最初こそプレッシャーに押しつぶされそうな顔をしていますが、そこはやはりお母さん、すぐに子どもたちと打ち解け、和気あいあいとした楽しい雰囲気を作っていきます。子どもたちにも笑顔が見え、リラックスした中にも、ネットの怖さや守らなければならないルールが伝わっていくのがわかりました。

　それから、メンバーの先生デビューを支えたもうひとつの要因は、イーランチの活動はひとりでやるものではないというところにもあると思います。

講座には必ずアシスタントメンバーが同行して応援します。緊張感をほぐしたり、講座の準備をしたり、先生方との対応をしたり、こまごまと気を使ってくれる仲間がそばにいる事が支えになって、りっぱにお母さん先生として責任を全うしていってくれたのではないかと思います。

小学生向けの講座は、その後、地域情報取材で協働している地方公共団体「志太広域事務組合」から事業支援をいただき、地域の小学校で3年間、延べ97回の講座を実施し、一定の実績を積むことができました。

そしてその実績が評価され、今度は、ケータイトラブルで一番心配される中学生対象で話をしてくれないかというお話をいただき、さらには、ケータイやパソコンを買い与える親に向けての講座を、とのご要望もいただくようになってきました。

実は教育現場では、子どもたちのインターネット利用についてかなりの危機感を持っています。しかし反面、先生方は情報モラル教育の経験が少ないですし、ネットの裏側の知識も不足していて、対応に苦慮している実態があります。

一方、なんでもかんでも学校へ問題を持ち込んでくる保護者の対応に追われながらも、学校側にはパソコンやケータイの問題は、それを買い与える家庭教育の問題だと、思いたい部分もあるようです。

けれど、子どもたちのネットによる事件やトラブルが日々深刻化していく中で、責任のなすりつけ合いをしている暇はありません。ついに静岡県教育委員会も「親の教育」に乗り出しました。それが2005年にスタートした静岡県教育委員会社会教育課の委託事業「お父さんお母さんのための情報環境講座」です。県内50ヶ所、3ヶ年合計150ヶ所計画で始まったこの事業にイーランチも参加させていただき、保護者を対象とした講座が、一気に広がりをみせました。

とかく親は子どものネット利用に関心が高くありません。パソコンやケータイを子どもにねだられるままに買い与え、その後の利用について監督している保護者はほとんどいないという状況です。そこで保護者に関心を高めてもらうために「もしかすると、あなたの子どもが見ているかもしれないネットの裏側には、こんな情報も出ているのですよ」と、次々と有害サイトをご

覧いただきます。いわゆるショック療法です。これはききました。お母さんたちは見たこともないネットの闇から目を反らすこともできず、ただただスクリーンを見入るばかり。さらには子どもたちが巻き込まれた事件や犯罪の実例を次々と紹介し、無関心でいる恐ろしさを十分実感していただいたところで、どうすればネットの闇から子どもを守れるかという対策をお伝えするという構成です。

　同様の講座は、警察や携帯電話会社でも無料で頻繁に行われていますが、そこで対策としてお伝えするのは「フィルタリングをかけましょう」「携帯電話を使い始める時のルール作りが大切ですよ」という2点であることがほとんどです。でもイーランチの講座では、そこにもうひとつのご提案が加わります。それが「最後に子どもを守る砦は、温かな親子の絆ですよ」ということです。

　ネットいじめにあって自殺してしまう子どもは、誰にも相談できずにたったひとりで極端な行動を選んでしまうのです。たった一言「私、ネットいじめにあっているの助けて！」とSOSを出してくれれば、全力で愛する我が子を守るのに、その一言が出なかったばかりに、ひとりで最悪の道を選んでしまうのです。そんな我が子を前に「なぜ、一言相談してくれなかったの」と、後悔しても遅いのです。日頃、子供が本当に困った時に、相談できる親子関係が作れていたかどうかが問われるわけです。

　ネットで知り合ったよからぬ男性と援助交際をする女の子も、ギリギリのところで踏みとどまれる子と、最後の一線を越えてしまう子には、どこに違いがあるのかと追跡調査をしたことがあるそうです。その結果、そこには家庭でのコミュニケーションの量に因果関係があるのではないか、ということがわかってきているそうです。おそらく、これ以上踏み込んだらお母さんが泣くのではないかと想像できる子は、逃げてでも帰ってこられるのですが、家に帰っても誰も自分の話を聴いてくれない、お父さんとお母さんはいつもケンカばかりしているというような冷たい家庭だと、不純な目的で近づいてきているとわかっていても、優しい言葉をかけてくる男性についていってしまう、ということだそうです。また、軽々しく援助交際をして、小遣い稼ぎをしてしまう子の気持ちには、そんな親への反抗心が潜んでいるのかもしれ

ません。

　つまり、そういう悲しい結末を迎えないために必要なのは、「日頃の家庭での豊かなコミュニケーションに裏付けられた親子の絆が何より大切です」という事を伝えるのがイーランチの講座です。そこのところを子育て経験者の母親目線で伝えているところが共感を呼び、一度話を聴いてくださった方が次の講座をご紹介して下さったり、一度伺った学校から2度、3度と声を掛けていただくようになり、昨年は100ヶ所もの講演や講座のご依頼をいただきました。

　ちなみに中学生や高校生への講演では「困ったことがあったら、ひとりで抱え込まずに絶対に周りの大人に相談しましょう」というのが、落としどころになっています。

　ことITの世界では、親より子どもの方がパソコンや携帯電話の操作が達者だったり、知識が豊富であるご家庭がめずらしくありません。子どもたちに言いたいのは「うちの親はインターネットの事なんて何も知らないから相談なんてできない」というのは、ナンセンスである、ということなのです。操作や知識は子どもの方が上回っていても、問題が起きた時の解決能力はどうでしょう。これはすべてにおいて経験値の高い親の方が圧倒的に上なわけです。何か問題が起きた時に一人で抱え込んでしまうのが子ども、何か解決法があるはずだ、専門の相談先があるはずだ、と動き出せるのが大人なのです。なので、ネットの世界で問題が起きたら、必ず大人の力を借りましょう、と中高校生には伝えています。

　親御さんには、日頃からコミュニケーションを取りながら相談できる環境づくりを心掛けていただき、子供には困った時には相談をしよう、という事を頭に置いてもらえれば、トラブルが発生した時の解決は、早くなるでしょうし、悲しい結末を迎える事件も減っていくのではないかと期待しています。温かなご家庭が増えることで、ネットに限らず解決できる問題は他にもたくさんあるようにも思います。

　これからのイーランチのネット安全事業は、さらに情報リテラシーに目を向けたいと考えています。東北大震災の折にも気付いた事でもありますが、あふれるほどの情報化時代には、正しい情報と誤った情報を見分ける力が、

子どもたちのみならず、我々大人にも必須なのではないでしょうか。こちらもイーランチらしく、難しい話は置いておいて、ワークショップを交えながら、楽しく情報について学ぶ機会を増やしていきたいと思っています。

ところでイーランチでインターネット安全事業を活発に展開していた2007年当時、並行して私が取り組んだのが、コーチングの資格取得です。

コーチングとは、相手の能力、可能性を最大限に引き出しながら、その人の自発性を促し、その人の目標達成を支援するコミュニケーション技術のことです。

コーチングの存在はかなり前から知ってはおりましたが、新しい資格取得に挑戦するには、今は時間的に厳しいかな、と思っていました。将来、もし介護生活に入ってイーランチ活動をお休みしなければならなくなったら、電話でできるというコーチングに挑戦しようと、やりたいことリストに載せてあったのです。でも、ありがたいことに親が健康で当分介護は必要なさそうです。そのうちに自分のなかでコーチングを学びたい気持ちが抑えられなくなり、ついに2006年に「コーチ21」という企業の資格取得プログラムに着手しました。自宅に居ながら電話でトレーニングが受けられるのがコーチングの魅力のひとつでもあります。毎夜電話を握りしめ、着々と単位を取得し、晴れて2007年にコーチとなりました。

現在は自分が所属している企業の社内コーチとして、社員全員を対象とした集合研修、管理者向けのパーソナルコーチング、外部へ向けてのコーチング研修などの活動をしています。

それから、私がコーチングを学んだことにより、イーランチのネット安全事業の保護者向け講座にプラスアルファが生まれました。家庭でのコミュニケーションを促進するために講座に取り入れた「親子コーチング演習」がお母さんたちから支持をいただき、講座の落としどころが具体化できました。

このようにコーチングは、それ単体での活動のみならず、何かにプラスすることで化学反応が起きるところが面白いのです。将来イーランチを引退する日が来ても、ライフワークとしてずっと継続していきたいと思っています。

さて、女性の社会参加の応援についての話に戻ります。

イーランチでは昨年、2本の緊急雇用事業を実施しました。1本目は、静

岡県教委委員会からの委託事業「青少年のインターネット利用調査研究事業」です。この事業では5名を雇用し、10ヶ月の期間に県内の公立中学校を中心とした大規模な青少年のインターネット利用調査と、県が作成した「静岡県のケータイルール」の利用率を調査しました。

　講座では、子どもたちがプロフ、SNSといったコミュニティサイトを介しての援助交際等の性的被害数が右肩上がりであることを紹介していますが、それでは実際にどれくらいの子どもがプロフやSNSを利用しているのか、という事を調査したのです。これは期間が限定されているうえに、県内一円とかなりの広範囲だったので、雇用者5名には大変な作業になりました。それでも誠心誠意、しっかりとした調査研究をやってくれましたし、県内初の調査だったこともあり、出来上がった冊子は貴重なデータとして現在の情報モラル教育に大変役立っています。

　そしてもう1本は、焼津市教育委員会からの委託事業で「新しい公共の担い手リーダー養成講座」通称「まちづくり事業」として3名雇用しました。私たちの周りにあるさまざまな課題をすべて行政頼みで解決するのではなく、市民のひとりひとりが立ち上がり手を携えて解決していこうという、「新しい公共」という考え方が鳩山政権以来、話題となってきました。そこで、「地域再生および街づくりを推進する人材の育成を目的として、「新しい公共」の担い手であるNPOや社会的企業家を志し運営していくことができる人材を育成する。」というのが、この事業の主たる目的です。

　地域の現状と課題、他地域の事例などを調査研究しながら、情報化社会における地域再生及びまちづくりに必要なITスキルを身につける研修やNPO活動および企業活動に必要な実務知識、あるいはコミュニケーション力などを身につける研修を連日受けてもらいました。

　この事業の成果は、数値化しにくく目に見えにくいものであったために、とにかく連日受けた研修の報告書をしっかりと作成してもらい、半年の事業終了時には分厚いキングファイルの報告書が出来上がりました。

　もちろん報告書の厚さに負けないものが3人の中には育ったようで、そのうち一人はイーランチに残り事務局員として活躍してもらっていますし、一人は就職を決め職場で活躍し、もう一人は自分の強みを活かしたまちづくり

活動を、模索しながらスタートしています。

　この2つの事業を通して、8名の女性がイーランチに勤務したわけですが、その間、彼女たちには、大きな変化が見られました。

　その中のお一人に、ご主人を亡くされたばかりで気持ちがどうしても上向きになれず、リハビリの意味で応募されたという女性がいました。決められた時間の中で膨大な作業を共同で進めるという事は、もちろん大変な事も多いのですが、ある意味戦友のような、同じ時間を共有したものにしかわからない絆のようなものが生まれるのですね。リハビリの彼女も、忙しさに追われる中で暗くなっている暇もなくなり、多くの仲間に囲まれて毎日笑って仕事をしているうちに、吹っ切れたようでした。

　最後の卒業式の日、「イーランチはリハビリになりましたか？」と尋ねたところ、力強く「はい！」と返事をしてくれたのが嬉しかったです。

　卒業式といえば、期間限定の緊急雇用事業には、事業を解散する最後の日が必ず訪れるわけですが、私たちはその日を「卒業式」として、卒業証書を用意し、期間中に活動の様子を撮り溜めたデジタル画像でビデオを作成し、卒業アルバムとしてプレゼントしてきました。実はこのビデオで一番泣いたのは、他でもないこの私です。慣れない仕事に真摯に向き合い、雇用情勢の不安定な時代の波を必死で泳いでいこうとする女性たちがいとおしく、応援せずにはいられませんでした。

　最後の日には「こんな活動が世の中にある事を知りませんでした」「失いかけていた自信を取り戻せたような気がします」「学ばせてもらったことを活かして、次のステージでがんばります」とそれぞれの思いを伝えあい、次の「場」をみつけて巣立っていきました。

　それこそがイーランチの目指した「女性の社会参加の応援」です。

　イーランチを設立した時には緊急雇用事業なんて、想像もしていなかったわけですが、期せずしてイーランチが目指した目的がこのような形で実現し、少しでも社会貢献の一端が担えたのはこの上ない喜びです。

　まちづくり事業は昨年の成果が評価され、今年度も5名を雇用し、現在進行形で第2期生が連日研修に励んでいます。とても個性的な面々が集まり、時折小さな衝突もありますが、それ自体も日々勉強。それを見守る私は今年

も楽しく活動に携わっています。

　これまでの9年間を振り返ると、イーランチは常に笑いにあふれ、楽しく活動を継続することができました。順調にイーランチを育ててこられたのは、何より人に恵まれていたからでした。主婦の小さな任意サークルをNPO化したいと言った時に、志をひとつにして共にNPOセンターに足を運び、面倒な事務処理を手伝ってくれた副理事長、多様化していく事業にしっかりとついてきてくれたメンバーたち、そして、そういったイーランチ活動を応援して下さった行政・団体・企業の皆様、そして何よりずっと私の活動を理解して協力と応援をしてくれた家族……ここでは言い尽くせないほど多くの人たちに支えられ、応援していただいた結果、今日のイーランチがあるのです。本当に心から感謝でいっぱいです。

　私は、NPO活動をしてきて、人間ひとりでは何もできないな、と感じています。多くの力が集まり、同じ方向を向いて手を携えて進むから、ひとりでは決してなし得ない事ができてしまうのです。イーランチの昨年度の収入総額は3千2百万円でした。もちろん金額がすべてではありませんが、それだけの事業を、主婦のグループがなし得たことは、ひとつの自信と誇りとして仲間と共有したいと思います。

　地域に目を向ければ、それぞれの生活の場に課題は山ほどあります。それらをなんとか解決しようと思った時には、同じ思いをしている仲間を集め、コミュニティを作って課題解決にチャレンジするのも一つの方法です。

　そこには支え合いや感謝の気持ちや目的を達成する喜び、笑顔、たくさんの思いが生まれます。それらが集まることで、よりよいまちづくりにつながっていくのではないでしょうか。

　よく、イーランチの次なる目標は？　と聞かれます。私はイーランチを特別大きな組織にしようと思っているわけではありません。イーランチは学校のような場でもあります。緊急雇用事業に限らず、イーランチの活動を共に経験してもらう事で自信を付けたメンバーは、企業のパートあるいは正社員となりイーランチを卒業していきます。これからは起業家として、あるいはイーランチのような団体を立ち上げるメンバーもいるかもしれません。そんな風に、活動に慣れたメンバーが卒業していってしまう事は正直痛手でもあ

るし、淋しくもあります。けれど、こうしてイーランチ活動を踏み台として、再び社会で活躍する女性を排出し続ける事こそが私たちの掲げたミッションであるなら、その淋しさは喜びでもあるわけです。

　イーランチはこれからも地域にしっかりと根付き、ITの先端をちょっと先取りして、わかりやすく地域の皆様に伝える役割を担っていきたいと思います。常に笑顔と共に。

商店街のおかみさんたち
―蒲郡商店街振興組合なごみ会のまちづくり活動―

蒲郡商店街振興組合なごみ会代表　石黒　リヨ

　こんにちは。石黒です。今、松田さんの講習を受けに行きたいなと思ってしまいました。近かったら行きたいと本気で思います。自分の話すことをすっかり忘れしまいました。松田さんのことは忘れて下さい。私は人口8万の小さな蒲郡から参りました。エプロンして、エコバック持ってそんな普通の主婦で商店のおかみさんです。

写真5　報告する石黒リヨ氏

　私たちは蒲郡商店街振興組合っていうところの婦人部です。最初出来たのは、西浦温泉近くの形原商店街の形原レディースさんで、次にラグーナよりの三谷温泉のおかみさん会とかっていうのが出来て、とても盛んにやっていて、えらいなぁって思っていました。でも、なんとなくそんな機会もなかったんですけど、でも何かしないといけないって思っていたときに名古屋の愛商連（愛知県商工団体連合会）さんにお世話していただいて背を押していただいてなんとなく発生しました。その時（平成14年）は登録が50名でした。せっかく出来たので名前を付けようってことでみんなから色々募集したところ、「なごみ会」がいいんではないかっていうことで30人ぐらいの賛成があったので、「なごみ会」と付けました。誰でも親しみやすく和めるんではないかっ

てそんな思いで付けました。

　まずその時に会長、副会長、会計、その3人で始まりましたんですけど、その一番最初の時に私が副会長だったんですね。でそのすぐあとに会長は辞めました。会計も辞めてしまいました。残ったのが私だったので、そのまま会長を1年、2年続けて、次に会長やる方がなくて「じゃぁ一度辞めようか」って話をしました。何でかというと主人が商店街のなかの中央通り発展会ってあるんですけど、そちらのほうの会計をやっていて「商店街の婦人部をやめて中央通りだけの婦人部を作れ」っていうふうに言ってたんですね。だから「やめるならやめてもいいぞ」っていうふうになぐさめられた感じだったので、「次をやってくれる人がいないのであれば解散しましょう」って言ったんです。「せっかく出来たのに」っていう意見も出てきまして、会員の一人が「じゃぁ私やるけど手伝って」っていうことで、私がそのまま残ることにして新しく会長が出来て、そこからがやはり本当の「なごみ会」の活動になってきたような気がします。

　みんな本当に忙しいんですね、おかみさんたち。自分の店もありますので、たいがい朝の時から夜8時ぐらいまでは開店してますので、その中をちょこちょこ抜けるということはとても難しいんですね。じゃあどうしようってせめて7時半ぐらいからということで会議はいつも夜でした。勤労福祉会館を借りて7時半から9時まで、9時10分前ぐらいになると係のおじさんが部屋の廊下を行ったり来たりするんですね。早く帰ってくれといってるんですね、9時には閉めたいから。「もうおじさんが通ってるから、やりますか、やりませんか？」「じゃぁやってみようよ」。そんな会議のやり方です。だいたい仕事に差し支えないようにやるってことで今までやってきました。

　私たちの活動費として振興組合から一年間に婦人部のために10万円出してあげようって決定がされて、私たちは振興組合（親会）から10万円いただいて、それで活動することにしました。やはり男の方たちもすごい頑張ってるんですね。でもどうしても大きいお店がたくさんできて本当に個人店は苦しいんです。うちも苦しいんですけど、それでもやはりこのままではいけないということで男性の商店街振興組合とか、中央通り、銀座通り、駅前通り、通りの方たちも何とかしようと思って一生懸命やってるんですね。だか

ら私たちはたいしたことは出来ないけども、自分たちで出来ることをちょっとづつやって行こうっていうことで、話し合いしました。まずうちの前の道が中央通りっていうんですけども道が市道になってとても歩き易い道になったんですね。道が整備されてもきれいではないんですよ、ゴミがいっぱい落ちてるんですね。とくに自分とこの前は掃除します。だけど、空き店舗が増えてきたので、その辺りはゴミが吹き溜まってるんです。やっぱりこれを何とかしようってことでやはり私もそう思ってましたけど、会員の中からもそういう声も出て、まず一番最初に私たちがやり始めたのがクリーン作戦。毎月第1日曜日の朝8時から通りを掃除しています。私たちは中央通り、銀座通り、駅前通りって三通りからなるのでそれぞれ会員さんたちが自分の住んでいる通りのところを掃除します。それこそ草が生えてきたら鎌を持って集まって草取りとか、共同駐車場とかそういうところをきれいにして、やっぱり煙草の吸殻がいっぱいなんですね。「煙草を吸う人ってマナー悪いんじゃないの」って思いながらも最初は灰皿を設置したらどうかっていう案も出たんですけど。そしたら余計捨てるんじゃないのみたいなのがあって、それはなかなかできませんでしたけど。とにかく掃除で溝にはまったのも割り箸で全部吸殻も出して掃除してます。その次にぱっと遠くのほうを見ますとなんか道が暗いんですよね。不景気のせいかなって思ってこうして見るんですけど、やっぱり暗いんですよ。なんでだろうって思ったら道が新しくなったときに中部電力さんが太い電柱を建てたんですけど、これが焦げ茶なんですよ、それでガードレールも焦げ茶なんですよ、もう茶碗色に染まっちゃってもうますます暗いねってことでなんかいい方法ないかなって考えた時に「花があったら少しはいいんじゃないか」ってことで花を飾ろうということに決まりました。ただ花は花でも色々あります。私のような乳母桜もありますけど。私たちが出来たら生の花と思ったんですけど、すぐ枯れちゃいますよね。で水は誰がやるのかって話も色々いっぱい出て、生はやめて今話題の光触媒の花にすることに決めました。やはり何でっていいますと光触媒は色持ちもいいし、排気ガスを分解するし、空気もきれいにするしってことでずうっと同じものを飾るわけではないので、もう何回も繰り返し使えてエコではないかっていうことで光触媒にしました。まず春は黄色のミニバラ、夏はラベン

ダー、秋はコスモス、冬はシクラメン、これを四季で変えていってるんですけど、一番長くもっていたのがシクラメンでしたけど今年の冬はシクラメンも換えます。処分して新しいのを飾るんですけど、そのときも朝8時集合、新しいのだと針金を通したりだとか作業があるので、その時は前の日の金曜日にうちに集まってみんなで針金を切って下準備をして、次の日は朝8時にいっせいにバスケットを付けて中に花を入れて針金で縛って（盗まれてしまうので）、その作業をやります。で、一日目は最初終わらなかったんですけど、そのときは又次の日の朝8時に出て、9時5分前解散ってみんな急いで自分の店に戻っていく。そうやってやってたんですけど、今はもう1時間あれば全部終わってしまいます。そんなことをやっています。

　それとですね、道がきれいになった時に歩道と車道の違いのためのポールが立ってるんですね。これいいなって思うんですけど、駐車帯のところにお客さんが車を止めてガンってあたるんですね。それのあたる位置なんですが、見えにくいんですよ。座ってるとポールがドアの下なので、みんな止める時は割りと気をつけるんですけど、開ける時は忘れてドアをガンって開けてしまうのでドアが傷ついたっていう話をちょこちょこ聞いて、何とかできないだろうか。「これ取ることは出来ないか」と聞いたら、駄目だって言われて歩く人の危険になるから取れない。「じゃぁどうしよう」って考えてポールを、ちょっと太目のポールなんですけど緑のロープを巻いて、それだったら、ワンクッションになるので傷がつかないというので、お客さんのためになるのでは？　これ結構大変なんですよ。ポール巻いて一番端っこのロープを始末するのをすごい大変悩んだんですけど下から抜く、それがとっても大変なんですよ、手が真っ赤になって。でもお客さんが少しでもこれのおかげで「この間も傷がつかなかったわ」って言ってくれるので、これもずっと続けてます。せっかくロープ巻きやるんだったらその上に絵を飾って絵を見てもらおうじゃないかってことも考えて幼稚園とか、老人会とか、児童館とかそういうところに依頼して紙に絵をかいてもらっています。それをポールの上に乗せてロープをかけると時々歩きながら、こっちはウサギ、こっちは花っていうふうに歩道を歩きながら楽しめるんで。ということでこれもずっと続けてます。

蒲郡って知ってみえると思うんですけどロープの町なんですよね。ロープを巻きたいっていうことが少し蒲郡新聞に載ったら、蒲郡のロープ屋さんから提供します、って言っていただいて有難いです。緑のロープをたくさんいただいたんですけど。それともう一社ロープの会社から提供していただいてずうっと提供していただいたロープで来ていたんですけどついに底をついて、そちらへ行って「同じのを分けてください」といって今では購入しているんです。そんなことで、10万の活動費をいただくんですけど、ロープでもそうですし、お花もそうですしやっぱり買うにはお金が要りますので、どうしようかって言っている時に振興組合の方たちが「ごりやく市」っていうのを立ち上げたんですね。それに「なごみ会さんもどう賑やかしにでない?」って出店させていただきました。で、そこでみたらし団子を売ったり、ジュースを売ったりかき氷を売ったり。この収益もあわせて光触媒の花を買ったり、こういうエプロン、これ「なごみ会」のエプロンなんですけど、私、一番似合うんです??　これをつけて活動していると、あぁ名前わかんないんですけど、もうみんな、「なごみ会」さんだっていうふうにみてくれて、頑張ってるね、ご苦労様って声をかけていただける。本当はこの色を変えたいなと思っているんですけども変えれないですね、もう緑は「なごみ会」って決まっていますので。どうでしょうか。これだと遠くからでも見えるんですよ。だからいつもこれで掃除したり、団子焼いたり、色々活動しています。「ごりやく市」に年6回出ているんですけど、もう今では「ごりやく市」の「なごみ会」の団子ってもう有名なんですよ。みなさん待っているんですね。おかげさまで売り上げは上々ですので、どうにか賄えて、こういうのも買えています。
　まだ必要なものとかも色々ありますが、どうにかまかなえます。あと、私たち商店街なので、やはりお店に還元したいっていうのがずうっと頭にあったんで

写真6　なごみ会のエプロン姿の石黒リヨ氏

す。今までは商店街のことばっかりやってきたんですけど、じゃあどうしたらいいんだろうって。市内だけですけど、"還元セール"っていう広告を入れました。来店いただいた人には抽選で、商品券やお菓子当たります。これもみんなで頑張って活動して得たお金で出来た事です。お客さんに還元しようってことでそういうのもやっと出来るようになりました。これも一年で2回はやっています。中元セールぐらいと年末の時にやっています。

　捨てればゴミなんですけど、エコキャップ回収。集めれば人のためになる、CO_2削減にもなりますし、800個で一人分のポリオワクチンにもなっているということを知っていましたか？　私は何かの雑誌で読んで、集めるぐらい誰でも出来るんじゃないかってことでやりだしまして、大体1キロ位で800個ぐらいになるんですけど、それが後進国の子供たちのポリオワクチンになるんです。これもやってみたいって言ったら、みんなも「いいんじゃない、やってみれば」っていう感じで賛成していただいて、今208人のポリオワクチンを集めることが出来ました。やはり各会員のところに籠を置いてあるもんですから、お客さんとか通る人もぽんと入れて行ってくれる。朝起きるとこーんなにある時もあります。そうやって回収しています。「ごりやく市」の時も広告に載せて下さるのです。「エコキャップ回収箱を設置」みたいにしてくれるので、みんなが持って「ごりやく市」に来て下さるんですね。そういうことでたくさんになったら業者に電話して取りに来てもらう、そんなような感じで、つづけています。私達の活動に理解と協力して下さる皆様に感謝です。

　現在、私たち16人しかいないんですね。最初は50人だったんですけど、16人まで減ってしまったんですけど、でも今が一番やりやすいです。やっぱり本当に前向きな人が多いです。とにかくいいと思ったことは何でもやってみようって言ってくれる人がほとんどなので、とってもやりやすいし、松田さんも言っていましたけど、しょっちゅう顔を合わせていると本当に仲間っていうのかな、離れたくない。本当にもう「なごみ会」が出来る前はご近所でもほとんど口をきいたことがなかったんですよ、私たちって自分の店ほったらかしにして出るわけにはいかないじゃないですか。お友達とかもう知り合いとかも本当に出来なかったんですけど、この「なごみ会」が出来た

おかげで、町のなかに仲間がいっぱい出来て、ちょっと出るとあっちからもこっちからも声かかる。本当に私は、自分では、「なごみ会」があってよかったなって思っています。ただ本当に高齢化なので、この間もそのポールの時に、腰が痛い人が二人、膝が痛い人が一人出てしまいまして、あぁどうしようねって言っているんです。これも続けていかないと仕方ないかなと。仕方ないでなくてつづけていきたいから、どうしたらいいかなぁって今の悩みです。

　すぐ同じ地域に若者サポートステーションっていうところがあるんですけど、厳しい現況のため就職難で苦しんでいる方々が、仕事に就こうと頑張っているところなんですけど、そういう若者がたくさんみえるんですね、そこのサポートステーションに。その方たちとコラボして、手伝ってもらえたらいいなって思っていたんですけど。代表の方は「それはいいですよ」って言ってくれたんですけど、「朝8時に集まれます？」って言ったら、サポートステーションが朝10時半ぐらいから集まるらしいんですけど、「8時からじゃ無理かね」なんて言いながら、まだ話がついていないとこなんですけど、出来たらそういう若い人とコラボしながらおばさんたちになれると若い人たちもいいのかなって思うんですけどね。あまり喋らないんですよ、下向いていて。でも「こうして、こうして」って言うとやってくれたりするんですね。若者サポートステーションも私たちと同じクリーン作戦を昼11時頃に掃除してることがあるんですよ。「私たちと一緒に朝8時にやろうよ」って私はいつも言ってるんですけど、8時がどうもだめみたいで、今のところまだお互い別々に活動しています。

　今までこうやって来たなかで平成14年の10月に発足し、今まで続いたのはやはり自分たちの仕事にそんなに差し支えなく活動の時間を朝だったり夜だったりするっていう、そういうのがいいのかなって思うんですよね。やはり家族もそのぐらいならいいかって思ってくれてると思うんですよ。だけど、昼間に仕事をやめて出て行くってことは1回や2回はいいだろうけど、やっぱりしょっちゅうだと不満が出ると思うので、今までのようになるべく仕事に差し支えないような時間、朝早いか夜遅いか。そんな感じで、無理しない程度にやっていくのが一番いいかなと思います。

新しい人を募集したいんですけど、どういうふうにして、いったらいいのかまだちょっとわからないんです。実は腰痛めたの私なんです。今日もしかしたら来れないかなと思ってたんですけど、どうにか回復しました。また、いい案があったら教えていただきたいと思います。よろしくお願いします。

司会：どうもありがとうございました。今日来ていただけなかったらと、ちょっと焦りましたが助かりました。なごみ会は、男性にはない目線できめ細かな活動を長く続けておられるところに私は意義があるんじゃないかと思います。

最初の松田さんのお話とも少し共通するかなと思ったのは、組織の規模ですね。組織の人数をいたずらに大きくすることが果たして有効な活動になるのかどうかっていうのもひとつの論点になりそうな気が致します。「e-Lunch」さんもずいぶん様々な活動をされているんですけど、さっき松田さんがちらっとおっしゃっていたように、無理をせずにメンバーを拘束せずに、自由に入れ替わりながら楽しみながらやっていこうっていう姿勢がおありのような気がするんですけど。同じようなことが石黒さんの「なごみ会」についても、数だけ見ると50人から始められて今16名ですか。今の体制が一番やりやすくて、一層うまくいっているという感じなので、規模をいたずらに大きくせずに良質な持続する活動を展開していくっていうことが、新しい論点として確認できたのではないかなというふうに思いました。

それでは今から5分間だけトイレ休憩を取りまして、それから3番目の村松先生に、全体をまとめるようなお話をしていただきたいと思います。少し休憩をとりたいと思います。

商店街に笑いの渦
空き店舗使い「ごりやく寄席」 蒲郡

蒲郡市中央通りで19日、市内で素人落語の「ごりやく寄席」が行われた。元酒店を会場に地元で活躍する「駒久屋南朝」さんらが落語を披露し、来場したお年寄りたちを楽しませた。

店主でつくる蒲郡商店街振興組合（武田辰美理事長）が通りで開く「ごりやく市」でのイベントとして開いた。

じゅうたんの座敷を設けた。豊橋素人落語天狗連メンバーの駒久屋南朝さんと、会社員の風紋亭吉四六さんの2人が演じた。

南朝さんは有名な「寿限無（じゅげむ）」を上演。限りなく長い名前がついた男の子が学校に通学するようになり、持ち物に名前を入れないといけなくなったという後日談のオリジナル落語も演じ、訪れた50人の来場者を笑わせた。

（安藤聡）

高座を演じる駒久屋南朝さん＝蒲郡市中央通りで

エコキャップ 受領書

2011年12月19日
分類名 その他団体

蒲郡商店街（振）なごみ会

石黒リヨ 様
ご住所 愛知県蒲郡市元町18-7
FAX番号 0533-68-4177

NPO法人（内閣府認証）
エコキャップ推進協会
ECOCAP
神奈川県横浜市中区羽衣町3-63
羽衣ビル2F 〒231-0047
TEL:045-250-0294
FAX:045-250-0295
http://ecocap007.com/

今回受領個数：	28,816 個
累計個数：	284,576 個
ワクチン：	355.7人分

累計のCO2 2241 Kg

ご協力ありがとうございます。皆様のご厚意を大切に致します。

受取日	数量	個数(約)	備考
2011/12/14	72.0 Kg	28,816 個	
合計		28,816 個	

1Kgを400個として計算しています。800個でポリオワクチン1人分が購入できます。
1Kg(400個)が焼却されると3.15KgのCO2が発生します。

求められる女性リーダー

―共生のなかで・女性だから……は前進を妨げる―

豊橋創造大学准教授　村松　史子

　求められる女性リーダーということで、私自身が求めたいと思っているからです。女性リーダーということが私の願望の中にあり、この題名にさせていただきました。まず、はじめに私という者を自己紹介させていただきます。

　私は38歳の時、私の生き方ってこんなことでいいんだろうか、と思い悩みました。何を思い立ったか、会社を作りました。作った会社はコンピューターの会社なんですね。私が会社を作って、男性社会の中で働くということは男性にとって非常に抵抗があったようです。それがちょうと昭和60年。愛知大学でもまだワープロの時代でした。そんな時代に、コンピューターに携わり、事業を始めさせていただきました。株式会社を作った当時はバブルが弾けるか弾けないかぐらいの時代で、皆さんがすごく穏やかな時代でした。

　銀行に、「会社を作りたいけどお金貸してくれませんか」という話をしたところ「何に使うんですか」「コンピューターの会社を作ります。専門家と素人との間の隙間を埋めたい。隙間を埋める会社を作りたい」と話をし、そして説明しました。当時300万で株式会社が出来たのです。もうちょっと多

写真7　報告する村松史子氏

く言えばよかったんですが、とっさに350万、たった50万だけ余分に言いました。スムーズに会社を作ることが出来ました。そして、こちらの大学で少しお力をいただき、関わらせていただいたというのがいきさつでございます。

　私は起業家と思っていませんけど、経営をしておりますとだんだんと周りの人が実績を見てくれるようになりました。創造大学の方から非常勤で来ないかと言われ、非常勤で教えることになりました。そして四半世紀経ち、息子が「仕事、俺がするぞ」という話になったものですから、会社をゆずり大学で専任になりました。私が申し上げることは、実は教員のような雰囲気ではないかもしれません。その辺はご容赦いただきたいと思います。

　まず最初に当時、38歳で会社を作ったといういきさつもありまして、リーダーというのは決して男性だけがリーダーじゃない。女性もリーダーになれるし、女性のリーダーの良さというのも周りの人に認めてもらいたいと常々思っておりました。

　先程、武田先生も申されておりましたが、男女共同参画という市の委員会でご一緒させて頂きました。この法律ができたのは1999年、本当にまだついこの間なんですね。平成11年6月23日公布されました。これはどういうことが言われているかといいますと、「男女が社会の対等な構成員として自らの意思によって、社会のあらゆる分野に参画する機会が確保され、男女が均等に政治的経済的社会的及び文化的利益を享受し、かつ共に責任をになうべき社会」という、これが男女共同参画社会というものなのです。そこでこの参画社会が出来るにあたって、私たちが忘れてはならないのは女性運動家のことです。昔は婦人運動家と申しました。婦人という呼び方はふさわしくないということで女性と表現するようにしようというような風潮になってまいりました。女性運動家として市川房枝さんという方がいますね、この市川房枝さんのことについて少しだけお話したいと思います。

　市川房枝さんという方は、実はこの愛知県で有名な日本の婦人運動家として、あるいは政治家として活躍された方なのです。明治に生まれて、昭和の56年まで活躍されました。この方に関わったのが実は今の菅直人総理大臣なんですね。菅直人氏は市川代議士の選挙スタッフだったのです。ですから今、まさにこのいろいろな問題を抱えて頑張っているわけなのです。私が気

になっているのは、この方の後ろに実は女性の影あり、ということです。ご存知ですね、奥様です。多分奥様の影響があると思います。政治の流れを見ていますと、あれは女性の感覚の部分かなというところがあります。これがもし間違っているようでしたら雑談として受け流していただければと思います。

　そのような男女共同参画社会を作り上げた市川房枝さんについては、これを見ていただくとわかるように現在の一宮市の生まれですね。そして1924年に男子の普通選挙権が初めてここで認められたのです。男子もこの程度なんですね。それからもう一人、平塚雷鳥さんという女性運動家がおりました。その平塚さんも含めて1925年に議会などに婦人参政権を求めました。婦人参政権が認められたのが、1945年。1945年といいますと、戦争が終わった年です。今日は広島の原爆が落とされた日です。その1945年にやっと婦人参政権が認められ、男女が平等に政治に関わっていけるようになりました。そして、今日に至っているわけなのです。リーダーとしてこの方を忘れてはならないということで、お話させてもらいました。

　そして、その結果がどうなっているかというとこの写真を見てください。どうですか、男性顔負けですね。このなでしこジャパン。そして、あの動きを見てください。どうですか、女性とは思われない動きです。彼女らは今日の時代に生きて、初めてこのような成果を得られました。これは絶対にひと昔前の時代では成し得なかったことです。澤という選手は重要なリーダーシップを発揮しました。ある選手に「苦しかったら私の背中を見なさい」と言ったと聞きました。リーダーとしての言葉です。なでしこジャパンの活躍は、まさに女性の一時代の到来を示している象徴としてこの写真を持ってきました。もうひとつ、これもすごいですね。

　この佐藤摩弥、オートレーサーです。つい先日最初のレースで2位をとりました、男性の中で女性が2位でした。次に、摩弥選手は1位になったのです。優勝してるんですね。男性の仕事、女性の仕事、男性のスポーツ、女性のスポーツ、そういうことが今まさに壁がなくなり、女性も能力を発揮し活躍できるようになってきました。これを男女共生の時代といわれているのです。男の人も女の人も同じように、男女共同参画の社会として分け隔てなく

できるのです。そういう時代に変ってきたわけです。

　ただし、男女共生の時代といってもいろいろな弊害があります。私は男性と女性、同じであっていいとは思っておりません。やはり男性は男性の力、女性は女性の力、それをうまく発揮してこそ、初めて共生ということが出来ると考えています。男女共生の中では、セクシャルハラスメントという言葉がよく言われています。このセクシャルハラスメントがあるということは、男性も女性も決して一緒ではないということです。それぞれの男性の特性、女性の特性というものを活かしたリーダーシップがあると思います。私は今日特に言いたいのはフォロアーシップの存在です。先程お二人のお話がありました、カバーされる力はすごく大切です。カバーされた結果で物事が出来た。この大切さを考えていきたいと思っています。

　女性の時代の象徴とも言われるべき二つの例を挙げさせていただきます。リーダーとはどういうことをいうのか、ということでちょっと難しくなってきますけど、こういう「ストックデールの特性論」というのがあります。調べてみますと公正・正直・誠実・思慮深い・公平・機敏 etc.、攻撃的頼もしさ、情報収集力、分析力、実行力、決断力、こういう諸々の任せる度量、カリスマ性とか、責任感とか勇気とか情熱とか、諸々ありますがリーダーシップを執るにはふさわしい素質とされています。

　次にもうちょっとわかりやすい理論を唱えたのは、コンティンジェンシーという方ですね。これは先程もリーダーのお話がありました、いろいろなリーダーがあるわけですね。まず一つは指示型リーダーシップ、これは手順も全部リーダーが執る。それから参加型があります。メンバーに考えさせる。それから支援型というのがあります。そして自分も一緒になって「そうだよね、じゃぁ、今日一杯呑みに行くか」というような人がリーダーになるケースもあります。またメンバーに高い目標を指示して、チャレンジとか勇気づける達成型、指向型リーダーシップ、このようないくつものリーダーシップの形がありますが、実はこれはリーダーシップを執るにあたってひとつだけに固執するとリーダーとして成り立たなくなってしまう。だから、その場その場で色々なリーダーシップを発揮する必要があるということです。先程のたくさん条件がありましたね。そういう条件を踏まえて考えていけるリーダーが

本当のリーダーシップではなかろうかというふうに思います。

　そして、もうひとつ能力とはどういうことか。先程の状況判断に役立つとか、人間理解、柔軟な行動力、このように書いてあるわけですね。状況判断、お医者さんでしたら状況を知らなければ処方箋を書けないんですよ。まずメンバーに関心を寄せることができないようなら、やはりリーダーとして不適格になるだろうと思います。こうしてリーダーというのは作りあげられていくわけなんです。これが基本になるということを念頭においていただきまして、次のお話をさせていただきます。

　まずリーダーシップ、この能力を皆さん方が自分自身、多分皆さん全部お持ちだと思います。ただ、私が一番大事だと思うことは、先程のフォロアーシップと申し上げましたけど、全体にリーダーになるにあたっては人間を知らなければだめなのです。相手を知らなければリーダーシップは執れない。そういうことがわかる人たちがやはり女性にも増えてきたということです。この人間理解ということに重点をおきたいということを思っています。

　早稲田大学のラグビー部の前監督の、日本一オーラのない監督といわれた中竹竜二さんという方がいます。その前の監督にカリスマ監督の清宮さんという「俺に付いて来い」、という頼もしく、信頼される方でした。ところが次になった監督が中竹竜二さん。日本一オーラのない監督と言われています。彼はどういうリーダーシップを執ったかと言うと、まず入った時に、選手たちが駆け足をするわけですね。彼も後ろから走っていく。「あー、清宮監督帰ってきてくれないかな。もうこんな監督じゃいやだよ」と彼らは言いながら走ったそうです。なぜかというと、中竹監督の場合は一度も公式戦に出たことがない監督なのです。彼はどういう方法を取ったかというと「監督に期待するな、自分たちで考えろ」そうやってまず、「大事なことや状況判断は俺がする、だけど、お前たちがその場で考えろ」。何か起こった時にはその場で考える。なんか危機管理みたいですけど、津波があった時にはすぐに逃げろというのと一緒のような気がします。そうした指導をして、大学日本一になりました。優勝しました。

　まず、彼は何を言ったかというと、「リーダーシップよりフォロアーシップが大事なんだ」。フォロアーシップというのは、これも調べてみましたが、

リーダーを支えるフォロワーというのは、部下の力のことです。上司の指導力や判断力を部下が保管する。組織、成果を最大化することを狙っているわけです。リーダーとフォロアーである周りの人の力がひとつになってはじめて、これが立派なリーダーシップが完成するわけなのです。これから私たちはリーダーシップだけを語るのではなくて、その周りのフォロアーする彼らの力を信じるそういうリーダーでなければならないのではないかと思っています。

そこでまず、一番大事なことはリーダーになるためにはどういうことが必要かというと、これはまず昔からリーダーは下からすべて見られているということです。上からは少しの一点しか見えないとよく言われています。人間関係をよくするには、ひとつの心理的な理論があります。その理論を、実はちょっと雑談ではありますが、お話しさせていただきます。

「ジョハリの窓」といいます。これを皆さんはご存知だろうと思いますが、この窓、意外と知っているようで知らないというのが現実なんです。これはどういう窓かといいますと「自分は知っている」「他人は知っている」「お互いが知っている」などの窓があります。

また、自分は知っているけど他人は知らない部分、これは「まわりに知ら

	自分に分かっている	自分に分かっていない
他人に分かっている	A 開放の窓 「公開された自己」 (open self)	B 盲点の窓 「自分は気がついていないものの、他人からは見られている自己」 (blind self)
他人に分かっていない	C 秘密の窓 「隠された自己」 (hidden self)	D 未知の窓 「誰からもまだ知られていない自己」 (blind self)

ジョハリの窓

せたくない」こういう窓なんです。問題はBの窓なんです。Aの窓は開放の窓といわれています。Cは秘密の窓といわれています。Dの未知の窓、誰も気付いてない自分。自分も気がついていない。他人も気づいていない。これはいつ何時、どの窓になるかわかりません。しかし、大事なものはここですね、Bの窓。これがリーダーとなる以上は、この窓を常に考えていくべきだというふうに思っています。これがリーダーシップを執るにあたっては大事なことと思っています。まずこれは自分は知らない。気がついていない。だけど他人は気がついている。これを盲目の窓、自分は気づいてないけど他人からは見られている自己ということでBの窓、この窓をいかに小さくして、彼らからどれだけの信頼を得られるかということを考えていかなければならないのです。まず自己改善を心がける窓としてあるのだということです。

　この窓のことで、私がちょっと失敗したことがありました。それは、夜9時頃仕事をして帰ってきました。私の家の東側が台所で、その隣の家は台所のところに寝室があるんです。塀で区切られています。当時、犬が3匹おりまして、帰ると犬が嬉しそうにワンワン鳴くのです。男女共同参画などと大きなことを言っていますけど、食事を作るのは私の役目です。そこからご飯を作るわけです。ある日、家に戻りましたら苦情が来ました。「犬がやかましい、水の音がうるさくて仕方ない」ということでした。私たちの方が家は早く建てたのに、まぁ、何てことを言うんだろうとまず思いました。その時にふと思ったのがあぁ、これなんだ、Bの窓。私は良いと思っているけど、他人は良いと思っていない。とジョハリの窓を思い出しました。すぐに解決しようということであくる日、「ごめんなさいね。もし何かありましたら言って下さいね、気をつけますから」と謝りに行きました。「いえいえ」と言ってくれました。そこの奥さんも若い人で、それからはお互いに何の問題もなくなったわけなのです。

　自分では気づいてないが人は気がついている。その窓を出来るだけ意識の中に入れて日常生活を考える。ということがまず大事ではないかと思っています。最後にお話したいと思ったのはこれです。

　徳島県上勝町の高齢者の「葉っぱビジネス」というのがありますね、よくテレビにも出ていましたし、皆さん方の中にも大勢知っている方がいるので

はないかと思いますが。この「葉っぱビジネス」は、徳島県の上勝町の四国一の小さな村、約2,200人で45％が65歳以上。まず高齢化率トップの町であるということです。

　彼ら、彼女たちがどういうことを起こしたかというと、農協の職員の方で横石知二さんという方がいて、その方が村を何とかしなきゃならない、と考えました。今は大勢の観光客が来るようになりました。横石さんは年商2億6,000万の会社を作り上げました。この町のおばあちゃんたちと作り上げたというお話です。何を言いたいかというと、この地域おこしというのは、先程いったようにリーダーがいるだけでは絶対に成り立たないということが証明されているのです。これは下坂美喜江さんという方の存在なくしては上勝町の「葉っぱビジネス」は成り立たなかったということのお話です。この徳島県の上勝町の農協職員の横石さんがある時、町外へ出て食事をした時、二人の女性客がおりまして、「ねぇ、この葉っぱすごくきれい、もって帰りたいわ」といって持ち帰ったそうです。その時にふと思った、自分の町や村にはこんなのあるんじゃないか。山にはいっぱいある、これってもしかしたらいいんじゃないかということで葉っぱビジネスを思いついたそうです。そのためにはみんなを説得しなければならない。ところがなかなか周りの人が理解してくれない。もちろん農協の人はだめ。周りの人に話しに行ってもだめ。そして、この時にこの下坂さん、もう高齢なので亡くなってしまいましたけど。下坂さんが「本気なんだね。わかった」といって、下坂さんが立ち上がって周りの人を説得して始めました。最初は売れなかった。それこそ葉っぱをちぎって来ただけ、包装して出荷しただけ。これでは駄目だと横石さんはたくさんのお金を出して京都へ行ったりしました。自分の懐はパンクしちゃいますよね、家族もありますから。そういう状況の中でやはり横石さんは、これで町を活性化するんだと頑張りました。おばあちゃんたちに、「新鮮な葉っぱを店に送りつけるにはどうしたらいい？」と相談すると、年配の人は何かと思いつくんですね。こうすればいい、ああすればいいと。そして、おばあちゃんたちの知恵も加わって、何とか軌道に乗りました。これなら出来るといった時に、横石さんは農協を退職しました。そして車で引越しをするときにおばあちゃんたちが立ちはだかって、「行かんでくれ、頼むから、自分を

写真8　報告者（左から松田・石黒・村松氏）

車で轢いてから出て行け」と彼を引き止めました。横石さんが今、社長になって、2億6,000万の事業をやっているわけです。さっきフォロアーシップというお話をさせていただきました。

　本当は影のリーダーシップとして女性が穏やかな物言いと、粘り強い関わり方をする。影でこういう人たちがいたのです。私が本当に皆さん方にわかっていただきたいのは私の願望でもありますが、実際にはこのリーダーシップを女性がこの社会の中で多くの人が執っているということを認めてほしいという気持ちがあるからなのです。今日は全部語れるかどうかわからなかったので、早口できましたが、先程も申し上げたように自分の願望でもありますが、今後、男女共生の社会の中で男性も女性も関係なく優れたものは優れたもの。そしてこれは必要とするといったときに必要だという判断を、フェアで考えていただきたいと思います。そうすると女性のリーダーシップがどんどんと活きて来ますし、女性も「女性だから、私そんな責任負わされるのいやだわ」、などというような声も出なくなるのではないでしょうか。社会における女性と男性の共生、今から私たちは意識をもって関わってほしいなと思います。以上、お話を終わらせていただきます。ご清聴ありがとうございました。

司会：村松先生、どうもありがとうございました。ジョハリの盲目の窓をいつも意識して、リーダーは一人ではたぶん何も出来ないので、影で支えながらフォロワーシップを発揮してくれているメンバーのことを考えながら、全体の活動を有効に取りまとめて進めていくということの確認だったと思います。

　ここでちょっと10分間休憩を取りたいと思います。前面の机をもう一度並べ替えてフロアの皆さん方からご意見をいただきながら、いろいろとお尋

ねになりたいことがあるかと思いますので、質疑応答をとおしてさらに理解を深めていきたいと思います。

討　論

司会（武田）：先生方にお並びいただきましたので、それぞれお話していただいた内容や関連する事柄について、あまり硬く考えずに自由なご意見をいただければと思います。ご質問等がありましたら、挙手をしてください。よろしくお願いします。いかがでしょうか。じゃあ、須川先生お願いします。

写真9　会場の様子

質問者Ａ：愛大短大部の須川と申します。今日はいろいろと貴重なお話ありがとうございました。伺いたいことがあるんですけれども、地域と女性の関わり方ということでリーダーになるっていうわけではなく、活躍されている場にどのようにして入っていけばいいのかということを聞きたいんですけど。

　例えば、地域で開催される女性の観点の会というのは、何かお母さんの集まりとか主婦の集まりとか若いお嬢さんの集まりのように、何か頭が付くと思うんですけど、私のような中年単身女性というような場合はどれにも当てはまらないんですよね。実はそういった単身の女性というのが、一番地域と関わりが持てない状況にあるのではないかな、というふうに思っています。これから一番地域にお世話にならなければいけない立場にあるのが単身女性であると思うんですけど、関わる場がない、関わるきっかけがないということがありますので、そういう単身の女性の場合はどのように地域に入っていったらいいのか、地域は何を単身女性に期待しているのか、ということを伺いたいなというふうに思っています。お願い致します。

司会：ありがとうございました。少し強制的ですが、松田さんちょっと口火を切っていただけますか、いかがでしょうか。

松田：私たちは、主婦のサークルということで、基本的にはそういう子育て中の主婦が中心なんですけど、去年の雇用創出事業、緊急雇用の事業ではシングルの女性もいます。今年も実は継続でやっているんですけど、そういう女性も勿論いるんですね。「e-Lunch」に限って、他の人達はわからないので、私に限っていうと、そういう女性ってすごく来てくれるとありがたくって、主婦の方は夜の講座の対応とかなかなか難しくて、ご主人が家にいてくれなきゃ困るというご家庭もあるので、全体的にどうかわからないんですけども、まだまだそういう家庭もあって。ですので、ネットワーク教室をやっていく中では、夜7時からPTAの会合があるので、そこで話をしてくれとかいうご依頼も結構多いものですから、そういうところとか、土曜とか日曜とか家庭のある方は出にくいっていう時間帯に、そういう方に手伝ってもらうと非常にありがたくって、仕事を持ちながらうちのNPOで活躍されている単身の女性の方もいらっしゃいます。ですので、おそらくフットワークが軽いっていうから自分の時間を自由に使えるっていうところが強みなのかな、と思うもんですから、活動とかサークルとかと組み合わせていくと活躍の場っていうのが生まれてくるかな、なんて思いました。

司会：ありがとうございます。じゃあ同じく石黒さんいかがでしょう。

石黒：そうですね、まずはみんなと同じようなボランティアに参加していただくといいかなと思うんですね。本当に私たちは商店のおかみさんってことなんですけど、地域の人たちでお店をやってない方でも、ちょっと面白そうだから手伝わして、って言ってくれるんですよね。だから、本当にありがたい、是非どうぞって先程の緑のエプロンを付けてもらって早速、こうしてこうしてって教えてあげてやっていただくって、そこから入っていただいて、みんなの顔を知ってもらって。それから例えば、松田さんみたいにパソコンが得意だったら、その分野を任してもらいたいとか、っていう自分の特技と

か、何かこんなことが作れるけど、こんなのも作って売ってみたらどうかとか、そんなような意見をどんどん言ってもらえればありがたいと思います。だから気軽に代表さんとかに今度手伝いたいんだけど、どうしたらいいですかって本当に軽く声をかけていただければ本当にありがたいです。御の字です。

司会：どうもありがとうございました。村松先生、よろしくお願いします。

村松：ちょっと角度を変えまして。私も仕事をやっていますので、実は地域との関係って比較的薄いんですよね。だけど、薄いといいながらも私は仲間がいっぱいいますからその辺はいいんですが。私は一番関わり方の基本は挨拶だと思っています。常に誰かに出会ったらコミュニケーションをとるための挨拶、出会った人には挨拶、そうすると自然とお友達と勘違いされて、お誘いを受けることも出てきますでしょうし。あの人が挨拶してくれた、それだけでもう相手の気持ちは穏やかな気持ちになる。そういうことが基本だと思っています。

　もうひとつは若田光一さんの話をしたいと思うんですが、若田光一さんは今度船長さんになられるそうですね。日本人で初めて宇宙船の船長さんになる。まだこれからなんですけど。彼は何で船長さんになるのかといいますと、外国の人たちの方が遥かに優勢だったと思うんですが。彼について他の人が「光一となら一緒に仕事がしたい。光一はすごくいいやつだ、愛しちゃった」というふうに言うんですね。で、彼は何をしたかというと常に挨拶、通る人に対して、「こんにちは、お元気ですか」「こんにちは、お元気ですか」。全部お元気ですか、そうしますと同じ仲間ではない人たちも、みんな自分の仲間のように思えてくる。そういうことで非常に単純な答えかもしれませんが、やはり地域と仲良くする、地域と関わりをもち、地域の人たちに認めてもらうためには声を出すことです。挨拶をする。これが一番です。じゃぁ、仲間をつくろうか、そこから次に何がしたいか、どういうことにかかわっていきたいか、それを判別していく、そういうスタンスが必要な気がします。ちょっと角度を変えましてお答えさせていただきます。

司会：ありがとうございます。須川さんよろしいですか。他にどなたかご質問、ご意見ございますか。

印南：印南です。今日はそれぞれの方々が、最後の先生は男性の視点も少し入っておりましたけど、やはりいろんな活動をしていく中で今日のお話ですと、活動の中心は女性のグループというそういう活動をされている。それは今回のテーマであるわけですけど、やはりそういう中で男性といいますか、男性陣、男性グループとのスタンスのとり方、あるいはそういった立場といいますか。僕らは子供の時から社会的、性的の分業みたいなものを常に意識するような、少なくとも私の時代はそういう社会だったですが、今どんどんどんどん先程のサッカーのように、女ではない、男だというような男性と女性の違いはないというような説明のされ方もあったんですけど、そういうなかで、これまでの活動の中で男性と女性のそういった活動のあり方についての違い、あるいは今後を考えた時にどういう方向に向かうのかということで、実際に活動をされてきたその10年、15年の体験を通して、その辺についての考えを教えていただけるとありがたいと思います。

司会：どうもありがとうございました。ではもう一回、松田さん

松田：私たちは元気なミセスのネットワークを最初のキャッチフレーズにしたもんですから、ミセスだけでスタートしています。女子高みたいに非常に居心地がいいんですね、女ばっかりで、言いたいことを言って活動していると。で、そんな居心地の良さの中で来たんですけど、最近になって男性の入会希望者というのが増えてきました。

　やはりITをやっているもんですから、自分も何か貢献できるんじゃないかっていうことで。男性会員を受け入れるかどうかで、非常に議論が内部でありました。ていうのは、ネットワーク事業をやっていくとネットいじめとか援助交際とか性的被害の話がどうしても出てくるんですね。そんでもって、その性にかかわる話を男性と一緒にするという話は要らない気遣いが必要になってくるんでないか、っていうことで反対するメンバーもいたんです。希

望された男性の方に、全員女性ですがそれでもいいですか、っておどすと、じゃあNPO会員でなくて一般会員でいいです。うちは二段階ありまして、コアで活動するメンバーがNPO会員で約30名、一般会員が活動情報を受け取る側で無料会員として、250人ぐらい今、登録がいるんですけど、そしたらそっちでいいです、っておっしゃる方が多かったんですけど。

　でも、さらにかかわりたいと最近言ってくださる方が出てきて、ひとつの例として取り上げると、市内の公立病院の小児科の男性の先生が、自分も何か手伝えるんじゃないかってことで立候補して下さったんですね。受診にくる子供たちの中には、ネットいじめとかインターネットのトラブルなんかが元になって不登校になったり、学校に行くと思うと気持ち悪くなったり頭が痛くなったりというそういう子供さんが出てきた状況。自分ももっとこれは勉強しないといけないし、小児科としてもっと出来ることがあるんじゃないかっていうことで、手を挙げてくださった先生もいらっしゃいました。そういうことをいっていただいて、はっと、気がついたんですけど、女ばっかりっていうことに私たちも固執しすぎていたかな、って思いまして、男性もその方は職業からで、性別からではなかったですけど、広くいろんな方に意見を聞くことで、さらに自分たちの活動に今までなかった視点や広がりを持てるんじゃないかなということで、その先生とは連携してこれからやっていくっていうふうになっているんです。ていうことで、自ら女であることに縛りをかけていたような部分も、もしかしたらあったかもしれないなっていうことに気づいて、今はオープンスタンスでやっていこうと思っていますので、もし入会ご希望でしたらよろしくお願いします。

司会：どうもありがとうございました。蒲郡商店街の方はいかがですか。なごみ会はもともとは女性部が母体としてあったというふうに伺っているんですけど、他の男性の組合員との関係や連携についてはどうですか。

石黒：「なごみ会」は女性だけです。すみません。もし、やっぱりそういうボランティアとか活動したい方は、振興組合とかそちらの方にどんどんいろんな全然知らない人が、最近はいっぱい参加しています。NPO法人さんと

か先程、話しましたけど、若者サポートステーションの所長だとか。もちろん市役所の産業振興課の方たちもいつも、会合には参加していて、クックパートナーさんとか、前は国語の先生だったんですけど、退職してからは本の読み聞かせをやっている係だとか、紙芝居を作る人たちがやはり参加したり、いろんな人たちが参加させてほしいということで会議に顔出してみえますので、どんな人でもいいと思います。どんどん参加して下さい。

司会：どうもありがとうございました。村松先生いかがですか。

村松：仕事の方でよろしいですか。グループというよりは男性がグループなり、仕事なりを女性と一緒にするためにお互いにどのようなスタンスでいたらいいかということでよろしいでしょうか。

　まず、仕事のことでお話しますと、仕事については男とか女とか一切かかわりないと私は

写真10　報告者と司会

常々思っています。ただ、あの人には頼めるというその人の特性、女性の場合は、非常に粘り強い仕事をさせるとすばらしい効果が生まれる。男性の場合は、力のある仕事、理論立てて物事を考えるような仕事、こういうそれぞれの人たちの特性に合わせたあり方っていうのを見極めるのが大事だと今思っています。

　ただし、先程男の人が力があるとお話しましたけど、最近は女性的な男性が増えていますので一概に言えませんけれど、やはりひとつのグループの中、組織の中で働くということは、それに対しては一切差別はないというふうに私は思っています。その中でもし女性が、例えば、私女性だから、といった時には、同じ女性として「その考えはだめだよ」ということを言いたいですね。だから一歩仕事やグループから離れた時にはやはり、先程のなでしこジャ

パンもそうですが、やはり女性であることを大いに周りの人に示していいと思っています。大事なことはそこにいる場所、それが最大の条件のもとで語られなければならないというふうに思っています。

司会：ありがとうございました。よろしいですか。

印南：リーダー像として、先程の話の最後の例ですと、男性がいて、それをサポートしたのが女性の方、ある面で言うと相当高齢の方のむかしの世界と思うのですが、リーダー像を考えるときに今後どうなっていくでしょうか。

村松：リーダーがいなくなる？

印南：いや、リーダー像としてその女性と男性で、今、粘り強さとか力強さとかっていうふうに今後男性だから力強いとはいえないということで、女性として粘り強いともいえなくなってくる。そういう形になって行くんでしょうか。それでやはりそういった男性リーダーと女性リーダーっていうのは、今後将来にわたってのそういう性差といいますか、そういったもの、社会的なものになるかもしれませんが、今後どのようになるとお考えですか。

村松：私はこの長い年月、男女共生をしてきましたけれど、正直言って心底、男性女性というのは共生できないと思っています。ですので、結論を申し上げると、今おっしゃったように粘り強さとか力強さとかそういうものは、やっぱり永代、ずうっと続くと信じています。

印南：それを聞きたかったんです。

村松：男女の生き方、そういうものは変わらないということはやっぱり残念ながら私自身思っています。その中で男性が歩み寄り、女性が歩み寄った結果が何になるかということがちょっと楽しみであるということです。

司会：よろしいですか。

質問者B：蒲郡の石黒さんの話なんですが、「なごみ会」という新しい仲間であるんですけど、私の記憶だと、戦前なんかは商店街のおかみさんたちなんかは信心深いもんですから、薬師講みたいなのがあって、それで仲間が自然に出来ていったんですね。今日お話を聞くと、お店にこもっていたから「なごみ会」が出来ることによって仲間ができたことがよかったっていうことをおっしゃられまして、今の時代はそういう講みたいなのがなくなってきてしまって、新しい女の支え合う会を求めているんだなぁというのを知りまして、大変勉強になりました。

　それから村松先生にお聞きしたいんですが、今、例えば心療内科なんかに行きますと、だいたい行ってもすぐ相談にのって下さいませんで、二ヶ月待ちという状態で。どこでもそうで、本当に精神科の先生も大変だし、受診するほうもなかなか診察を受けることが出来ない。昔は職場なり、地域社会内に、カウンセリングというか相談できる人がいたのに、それがいなくなっているもんだから、社会的に弱い子供とか女の体が刻々変化するもんですから、思春期の人とか更年期の人とかいろんなところに病人が出ているんじゃないかということを思っていまして。先生がなでしこジャパンのことをおっしゃられたんですが、今も気づいたんですが、女は月に1回月のものがあるので、なでしこジャパンの女の人なんかも試合で活躍しているのを観るだけだと、女の時代と思うけれど、実際は大会に合わせて産科に行って月のものを調整する薬をもらって、大会の時には月のものが出ないようにして参加していたのかな、とそういう科学の力、医学の力があってこその男女参画社会といえるのではないかということを感じたんですね。そこらへんのことを先生はどういうふうにお考えなのかということと、それから松田さんのこれもすばらしくなんともいえないんですが。松田さんのように優秀な方、力のある方ばっかでなくて女の人、私のように力がなかったり弱かったりするとなかなかこういうふうなことは出来ないので、新しい女性像が出来てすばらしい時代になったとも思ったんですが、なかなかこれを一般化していくっていうか、コンピューターって松田さんは言われたんですが、一般化していくのになんか

方法はあるのかなとか、野菜を売るとかお味噌汁を売るとか、実践するうえで何かあるかもしれないですけど。

司会：ありがとうございました。せっかくですので、先生方には一言ずつでも何か答えをいただけるとありがたいです。今度は逆に村松先生からお願いできますか。

村松：難しい話で、まずひとつはカウンセリングを受ける子が増えているというのはその通りなんですね。私がいつも思っているのは先程、絆という言葉を使われた方がありましたね、松田さんですか。やはり一番最初に武田先生もおっしゃっていた、地域の方とどう取り組んでいくか。現在では地域の方たちの関わりがものすごく薄くなっている。その薄くなっている分だけが、心療内科やいろいろなところに行っていると私は思っています。学生もそうなんです。とっても心を病む学生が増えてきていますので、やはりこれからは地域の絆であるとか周りの人の声かけなどがもっともっと出てくれば、心療内科に行く人が少なくなるのかなぁというふうに思っています。

　それから先程、なでしこジャパンのお話の中で女性としてはハンディを背負っているということですよね。このハンディをどうするんだとの問いですが、これは私もどのようなことをしているかわかりませんが、医療的なもので当日に合わせないようにしているということもあるかもしれません。やはり彼女たちは男性に負けないような心の訓練といいますか、男性もサッカーをやるにあたっては相当な心と体のケアをしていると思います。ですので、男性も女性もないということは、そういう意味での男性も女性もない世界が出来たというように私は考えたいと思っているのです。女性にはハンディがつきものだと思います。仕事をするにあたっても、子供を生み育てる時に周りの人がどれだけ理解してくれるかということが、一番問題になってくるわけですが。話がそれてしまいましたが、女性としてのハンディであるべきものを彼女らは克服していると信じています。それはそれとして受け入れているのではないでしょうか。それであの動きです。本当に男性顔負けのシュートですね。もしかしたら女性のハンディを背負いながらやっていた方もある

かもしれません。それを克服してきていると信じています。鍛えに鍛えて鍛えながら、あのサッカーをする時だけは彼女たちは女性とか男性とかの世界ではないと思っています。

司会：ありがとうございました。石黒さんどうですか。

石黒：本当にすっごい親友って一人、二人でいいと思うんですよ。仲間はその親友ほどじゃなくてもたくさんいたほうがいいと思うので、自分からも、積極的に挨拶をするとか、そういう会があったらどんどん出るとか、そういうところから自分で仲間を増やすといいかなと思います。本当にすっごい友達とは言わないですけど、仲間ってすごくいいと思います。だから、何か自分でちょっと興味があるようなところには、積極的に自分から声をかけて参加してみるのもいいかなと思います。どうでしょうか。私はもうじき10年なんですけど、本当に家族より今の「なごみ会」の仲間のほうがどちらかというと濃いかもしれません。娘や息子はお母さんの話なんか聞いてくれませんけど、仲間は本当によく聞いてくれますし、反対に悩みもいっぱい言ってくれますし、そういう意味では、私は「なごみ会」の仲間は本当に大切な親友ですね。

司会：どうもありがとうございました。松田さんお願いします。

松田：私も特別、全然優秀でもなくて普通の主婦なんですけど、たまたまパソコンが好きだったっていうだけかなと思います。もともと文系の人間なので、パソコンとか専門的に勉強してきたわけでもなんでもなくて、たまたま夫がIT系だったんで、結構早くから家の中にパソコンがごろごろあったと、触る機会がたまたま普通よりちょと早かったというだけで、あとは人間好きなことって頼まれなくてもどんどんやると思うんですけど。大学で非常勤のときに資格をとった時の努力とかは、完全に好きになっていたから出来たことかなって思います。

　それを形に出来たのは、石黒さんとまったく同じで、人に恵まれていたなっ

ていうのはつくづく感じているんですね。任意サークルを NPO にしようっていう時、事務手続きが煩雑だったりとかやらなければならないことが多かったんですけど、一緒にやろうって言ってくれた副理事長の力がすごく大きくて、彼女がいなかったらたぶんできていなかったと今でも感謝しているんですけど。もう教育委員会に相談に行こうとかいってくれるんですね、私ひとりでは行かなかったと思うんですけど、非常に行動的なパートナーがいたもんですから私たちが突っ走り出したと、そこについてきてくれる仲間がいたと、そういう「e-Lunch」を応援してくれる行政の団体だとか支援企業があったりで、仲間にたまたま恵まれて運がよかったなというのを感じています。日々それに感謝しながら何かお返ししなきゃっていう気持ちで活動しています。何かに興味があるなら、それを強くしていこうっていうことで、少しずつ行動を始めれば、何かしら形になっていくのかなっていう気はしています。

司会：ありがとうございます。他にこの際、是非聞いておきたいというようなことはございますか。

質問者C：わだと申します。一介の主婦です。今日は貴重なお話を聞かせていただきましてありがとうございました。松田さんと石黒さんのお二人に聞きたいんですが、今支えて下さっている中心になっているブレーンの方とか仲間の方が、さっき村松先生がおっしゃっていたすばらしいフォロワーとなって下さっていると思うんですが、そういう方に接する時に気をつけていること、心がけていることは何かありますか。

司会：じゃぁ松田さん。

松田：そうですね、挨拶って言うのは先程からお話に出た通りで、例えば「あ、髪切ったの？ 似合うね」とか、何かしら目に付いたことを一言プラスして声をかけること。後はうちの活動はちょっと広がってしまって、大きな講演なんかも、500〜600人の講演会なんかもうちのメンバーに行ってもらった

りするもんですから、それで負荷がかかっているのもよくわかっているもんですから、常に感謝の気持ちを忘れないようにというのは本当に心がけています。みんながあって出来ているんだといい気にならないように、天狗にならないように、常に常に自分自身に言い聞かせて接するようにしています。

司会：石黒さん、お願い致します。

石黒：私もそうですね、相手の話をよく聞く。で、聞いて聞いて、最後まで聞いてから意見を言ったり、慰めたり、みんな家族と住んでますので、その方は元気でも、例えばお母さんが具合が悪いと聞いていると、「お母さん、どう」とか、その会員さんの後ろにいるご家族、子供さん、旦那さん、おばあちゃん、おじいちゃん、そういうところまでやはり気を配って声かけをしています。そうするとやっぱりうれしいじゃないですか、自分のことよりも子供さんやお母さんのことを気にかけてくれているんだなってわかると本当に心からいろんなことを言ってくれる。それに意見を求められたら言いますけど、聞いてあげるだけで肩の荷も半分ぐらいおりると思うので話をよく聞いてあげるということと、家族にも気を遣ってあげている。あげているって言っちゃいけないな、気を遣うようにはしています。

司会：ありがとうございます。よろしいですか。

質問者C：ありがとうございました。

司会：他に何かございますか。よろしいでしょうか。まだおそらくいろんなご意見、ご質問等があるかと思いますが、冒頭で申し上げましたように4時をめどに今日は進めていきたいと思っていましたので、そろそろ時間になりました。
　今回の「地域で活躍する女性たち」という企画は、従来の公開シンポジウムでは取り上げなかったテーマだったもので、それに加えて先に所長がお話したように、事情がありまして例年の9月開催を8月にしたということも

あって、参加者の面でもう少したくさんの方に聞いていただきたかったと残念に思います。

　地域活動の女性リーダーに限らず、日本社会は人口が減ってきていますから、男だけでは力不足で、女の人たちにも一緒に気持ちのいいまちづくりに参加していただきたいと思います。今後、今日のような機会を設けた時には、もっとたくさんの人と意見を交換したいと思っておりますので、ぜひよろしくお願い致します。今日は長い間どうもありがとうございました。もう一度三人の先生方に拍手をお願い致します。ありがとうございました。

本書は、2011（平成23）年8月6日(土)に愛知大学綜合郷土研究所で開催された公開シンポジウム「地域で活躍する女性たち」の記録です。

執筆者紹介（掲載順）

松田　直子（まつだ　なおこ）
　　　NPO法人 e-Lunch 理事長
石黒　リヨ（いしぐろ　りよ）
　　　蒲郡商店街振興組合なごみ会 代表
村松　史子（むらまつ　ふみこ）
　　　豊橋創造大学准教授

愛知大学綜合郷土研究所シンポジウム報告集6

地域で活躍する女性たち

2012年3月10日　第1刷発行

編者＝愛知大学綜合郷土研究所 ©
　　　〒441-8522 豊橋市町畑町1-1　Tel. 0532-47-4160

発行＝株式会社 あるむ
　　　〒460-0012 名古屋市中区千代田3-1-12 第三記念橋ビル
　　　Tel. 052-332-0861　Fax. 052-332-0862
　　　http://www.arm-p.co.jp　E-mail: arm@a.email.ne.jp

印刷＝松西印刷

ISBN978-4-86333-053-5

■愛知大学綜合郷土研究所　刊行物案内　　　　　　　　（価格は税別）

＜シンポジウム＞　発売：01～03は名著出版　04～09は岩田書院　10～はあるむ

01 近世の地方文化　　　　　　　　　　　　　　　　　　　　　　　　1942円
02 景観から地域像を読む　　　　　　　　　　　　　　　　　　　　　1942円
03 天竜川・豊川流域文化圏から東・西日本をみる　　　　　　　　　　2427円
04 花祭論　　　　　　　　　　　　　　　　　　　　　　　　　　　　2200円
05 県境を越えた地域づくり　　　　　　　　　　　　　　　　　　　　2600円
06 豊川流域の生活と環境　　　　　　　　　　　　　　　　　　　　　2000円
07 ふるさとを考える　　　　　　　　　　　　　　　　　　　　　　　2000円
08 ふるさとを創る　　　　　　　　　　　　　　　　　　　　　　　　2000円
09 ふるさとに住む　　　　　　　　　　　　　　　　　　　　　　　　 762円
10 ふるさとから発信する　　　　　　　　　　　　　　　　　　　　　 762円
11 第二のふるさとのくらし　　　　　　　　　　　　　　　　　　　　 762円

＜研究叢書＞　発売：01～10は名著出版　11～20は岩田書院　21は学文社

01 近世の交通と地方文化　　　　　　　　　近藤　恒次 著　　　　　　3800円
02 近世の山間村落　　　　　　　　　　　　千葉　徳爾 著　　　　　　3800円
03 地域社会の言語文化　　　　　　　　　　堀井令以知 著　　　　　　3500円
04 三河地方と古典文学　　　　　　　　　　久曾神　昇 著　　　　　　3800円
05 青々卓池と三河俳壇　　　　　　　　　　大磯　義雄 著　　　　　　3786円
06 家族と地域社会　　　　　　　　　　　　川越　淳二 著　　　　　　4660円
07 奥三河山村の形成と林野　　　　　　　　藤田　佳久 著　　　　　　5728円
08 渥美半島の文化史　　　　　　　　　　　郷　土　研 編　　　　　　5728円
09 志摩の漁村　　　　　　　　　　　　　　牧野　由朗 著　　　　　　5049円
10 志摩漁村の構造　　　　　　　　　　　　牧野　由朗 著　　　　　　5049円
11 豊川用水と渥美農村　　　　　　　　　　牧野　由朗 著　　　　　　4600円
12 地域研究を拓く　　　　　　　　　　　　郷　土　研 編　　　　　　5800円
13 豊川流域の水文環境　　　　　　　　　　宮澤　哲男 著　　　　　　5800円
14 江戸時代の農民支配と農民　　　　　　　見城　幸雄 著　　　　　　7800円
15 ヤマチャの研究　　　　　　　　　　　　松下　　智 著　　　　　　4800円
16 三河地方知識人史料　　　　　　　　　　田崎　哲郎 著　　　　　 14800円
17 東三河の水産物流通　　　　　　　　　　伊村　吉秀 著　　　　　　5900円
18 東海道交通施設と幕藩制社会　　　　　　渡辺　和敏 著　　　　　　7800円
19 近世東海地域の農耕技術　　　　　　　　有薗正一郎 著　　　　　　5200円
20 持続する社会を求めて　　　　　　　　　市野　和夫 著　　　　　　3600円
21 ふるさとの誘因　　　　　　　　　　　　武田　圭太 著　　　　　　6000円

＜総合研究＞　発売：みずのわ出版

01 三河湾の海里山の総合研究Ⅰ　里海の生活誌　　　　印南　敏秀　　　2800円
02 三河湾の海里山の総合研究Ⅱ　里海の自然と生活　　印南　敏秀 編　 2800円
03 三川湾の海里山の総合研究Ⅲ　里海の自然と生活Ⅱ　印南　敏秀 編　 2800円

<資料叢書>　発売：01～07は愛知大学　08は岩田書院　09～はあるむ

01～07	三州渥美郡馬見塚村　渡辺家文書1～7集		3000～6600円
08	江戸時代海面入会争論再審実録	見城　幸雄	3700円
09	豊橋市浄慈院日別雑記1　自文化10年至天保14年	渡辺　和敏 監修	11000円
10	豊橋市浄慈院日別雑記2　自天保15年至安政7年	渡辺　和敏 監修	11000円
11	豊橋市浄慈院日別雑記3　自文久4年至明治5年	渡辺　和敏 監修	9500円
12	豊橋市浄慈院日別雑記4　自明治6年至明治14年	渡辺　和敏 監修	10000円
13	豊橋市浄慈院日別雑記5　自明治15年至明治19年	渡辺　和敏 監修	9000円

<ブックレット>　発売：あるむ

01	ええじゃないか	渡辺　和敏	1000円
02	ヒガンバナの履歴書	有薗正一郎	800円
03	森の自然誌―みどりのキャンパスから	市野　和夫	800円
04	内湾の自然誌―三河湾の再生をめざして	西條　八束	800円
05	共同浴の世界―東三河の入浴文化	印南　敏秀	800円
07	渡辺華山―郷国と世界へのまなざし	別所　興一	800円
06	豊橋三河のサルカニ合戦―『蟹猿奇談』	沢井　耐三	800円
08	空間と距離の地理学―名古屋は遠いですか？	鈴木富志郎	800円
09	生きている霞提―豊川の伝統的治水システム	藤田　佳久	800円
10	漆器の考古学―出土漆器からみた近世という社会	北野　信彦	800円
11	日本茶の自然誌―ヤマチャのルーツを探る	松下　智	800円
12	米軍資料から見た 浜松空襲	阿部　聖	800円
13	城下町の賑わい―三河国吉田	和田　実	800円
14	多民族共生社会のゆくえ―昭和初期・朝鮮人・豊橋	伊藤　利勝	800円
15	明治はいかに英語を学んだか―東海地方の英学	早川　勇	800円
16	川の自然誌―豊川のめぐみとダム	市野　和夫	800円
17	東海道二川宿―本陣・旅籠の残る町	三世　善徳	800円
18	鬼板師―日本の景観を創る人々	髙原　隆	800円
19	古代東山道 園原と古典文学―万葉人の神坂と王朝人の帚木	和田　明美	800円
20	東海地方の中世物語	沢井　耐三	800円
21	穂国のコモンズ豊川―森と海をつなぐ命の流れ	松倉　源造	800円

<研究所紀要>　発売：愛知大学綜合郷土研究所

01～56	愛知大学綜合郷土研究所紀要（年1回3月刊）	郷土研 編	各2000円

<その他刊行物>　発売：01～04、06、07は愛知大学綜合郷土研究所　05はあるむ

01	村落研究文献目録	3000円
02	愛知県歴史関係文献目録（1974年まで）	1300円
03	ミュージアムボックスのすすめ	無料
04	ふるさとに住む思いと定住願望	無料
05	飲茶の起源地はどこか	800円
06	愛知大学綜合郷土研究所所蔵資料目録Ⅰ	400円
07	愛知大学綜合郷土研究所所蔵資料目録Ⅱ	400円